1. いろいろな生物

（1）図1の顕微鏡のア、イのレンズを
　　それぞれ何というか。

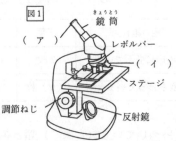

図1
鏡筒（きょうとう）
（ ア ）
レボルバー
（ イ ）
ステージ
調節ねじ
反射鏡

（2）接眼レンズを 15×、対物レンズを
　　10 にしたとき、倍率は何倍か。

（3）顕微鏡のピントを合わせる前に、プレパラートと
　　対物レンズの距離を近づけておくか、遠ざけておくか。

（4）対物レンズを高倍率に変えると、低倍率で観察
　　したときにくらべて視野は ア(明るく／暗く)な
　　り、観察できる範囲は イ(広く／狭く)なる。

（5）図2のXを顕微鏡で観察するとき、視野の中央に
　　くるようにしたい。プレパラートを図3のa〜d
　　のどの方向へ動かすとよいか。

図2

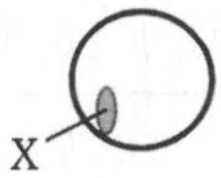

X

図3
プレパラート

a　　b
c　　d

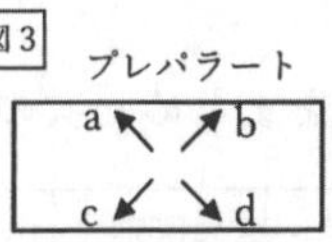

（6）手に持った花をルーペで観察するとき、（　　　）
　　を前後に動かしてピントを合わせる。

（7）図4のように胚珠が子房の中にある植物を
　　（ ア ）植物という。
　　図5のマツのように胚珠がむき出しになっ
　　ている植物を（ イ ）植物という。

図4
胚珠
子房

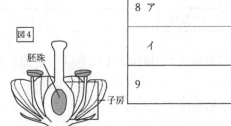

（8）受粉後（じゅふん）、図4の子房（しぼう）は（ ア ）に、胚珠（はいしゅ）は
　　（ イ ）になる。

（9）図5の花粉のうの中には（　　　　）が入っている。

図5　マツのりん片

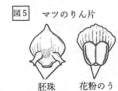

胚珠　　花粉のう

1 ア	
イ	
2	
3	
4 ア	
イ	
5	
6	
7 ア	
イ	
8 ア	
イ	
9	

植物のなかま分け

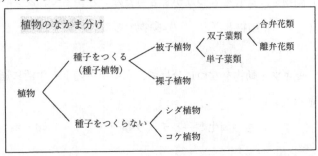

植物
├ 種子をつくる（種子植物）
│　├ 被子植物
│　│　├ 双子葉類 ─ 合弁花類／離弁花類
│　│　└ 単子葉類
│　└ 裸子植物
└ 種子をつくらない
　　├ シダ植物
　　└ コケ植物

(10) 葉にはすじのような葉脈がみられ、（　　）脈と（　　）脈がある。

(11) 被子植物についてまとめた下の表の（ア）～（ウ）をうめよ。

	葉脈	茎の維管束	子葉	根
（ ア ）葉類	網状脈	輪の形に並んでいる。	2枚	（イ）と側根
単子葉類	平行脈	散らばっている。	（ウ）枚	ひげ根

(12) 双子葉類は、花弁がくっついている（　ア　）類と花弁が離れている（　イ　）類に分けることができる。

(13) 次の花を下の表に当てはめよ。

【タンポポ , アブラナ , イネ , サクラ , アサガオ , ユリ】

双子葉類	合弁花類	（ ア ）（ イ ）
	離弁花類	（ ウ ）（ エ ）
単子葉類		（ オ ）（ カ ）

(14) 種子をつくらない植物をまとめた次の表の（　　）をうめよ。

	根・茎・葉の区別	例
シダ植物	（ ア ）	イヌワラビ、スギナ
コケ植物	（ イ ）	ゼニゴケ、スギゴケ

(15) シダ植物やコケ植物は（　　）で仲間を増やす。

(16) コケ植物は（　　）というつくりで体を地面
　　などに固定している。

(17) 図6は、イヌワラビである。㋐は（　　）、
　　㋑は（　　）、㋒は（　　）である。

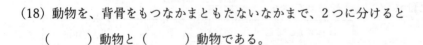

図6

(18) 動物を、背骨をもつなかまともたないなかまで、2つに分けると
　　（　　）動物と（　　）動物である。

(19) セキツイ動物を5つに分けて、水中から陸上の生活に適した順に
　　並べなさい。

　　（ ア ）類→両生類→ハチュウ類→（ イ ）類→ホニュウ類

10
11 ア
イ
ウ
12 ア
イ
13 ア
イ
ウ
エ
オ
カ
14 ア
イ
15
16
17 ㋐
㋑
㋒
18
19 ア
イ

(20) 次の中から、ホニュウ類をすべて選びなさい。

【 アヒル , クジラ , カメ , カエル , メダカ , イヌ 】

(21) 表を完成させなさい。

	呼吸のしかた	子のうまれ方	体の表面のようす
ホニュウ類 （哺乳類）	__ア__ 呼吸	__イ__ 生	ふつうやわらかい毛でおおわれている。
鳥類			羽毛でおおわれている。
ハチュウ類 （は虫類）			うろこでおおわれている。
両生類	子はえらと皮ふ呼吸 おとなは肺と皮ふ呼吸	__ウ__ 生	皮ふはしめっていてうろこはない。
魚類	えら呼吸		うろこでおおわれている。

(22) 無セキツイ動物のうち、クモ、チョウ、カニなどのかたい殻をもち、からだや足に多くの節をもつ動物を（　　　）という。

(23) (22)の体の外側をおおう、からだを支えたり、保護したりする役割があるかたい殻を何というか。

(24) 無セキツイ動物のうち、シジミ、アサリ、タコ、イカなどは（　　　）動物である。

(25) (24)がもつ、内臓をおおう膜を何というか。

20	
21 ア	
イ	
ウ	
22	
23	
24	
25	

2．生物の体のつくりとはたらき

（1）図1は、植物細胞の模式図である。
　　　ア～オの名前を書け。

図1

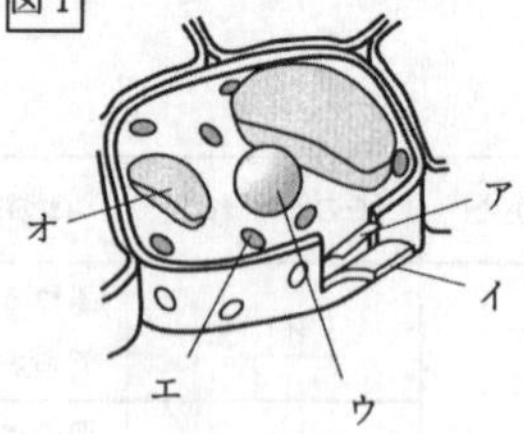

（2）ア～オのうち、動物の細胞にも見られる
　　　ものを2つ記号で書け。

（3）核を観察するとき、見やすくするために用いる染色液は何か。

（4）生物には、ヒトやタマネギなど多くの細胞からなる多細胞生物と、
　　　アメーバやミドリムシなど1つの細胞からなる（　　　）がいる。

（5）形やはたらきが同じ細胞の集まりを（　ア　）といい、（　ア　）
　　　が集まって、葉や茎、心臓や小腸などの（　イ　）をつくっている。

（6）葉の表皮の部分にある細長い2つの細胞で囲まれた穴を何というか。

（7）（6）から出入りする気体を2つ答えよ。

（8）根から吸い上げられた水が（6）から水蒸気となって出ていく現象
　　　を何というか。

（9）茎や根には、水などの通り道である（　ア　）と、葉でつくられた
　　　養分の通り道である（　イ　）がある。

（10）道管と師管の集まりを（　　　）という。

（11）根のつくりは、主根と（　ア　）をもつ植物と、（　イ　）をもつ
　　　植物がある。

（12）根の先端近くにみられる小さな毛のようなものを何というか。

（13）（12）がたくさんあることで、根の（　　　）が広くなり、水や無機
　　　養分を効率よく吸収できる。

1 ア	
イ	
ウ	
エ	
オ	
2	，
3	
4	
5 ア	
イ	
6	
7	
8	
9 ア	
イ	
10	
11 ア	
イ	
12	
13	

4

合格・理科

(14) 図2のような日光を当てたふ入りの葉を使い、
次の操作を行った。

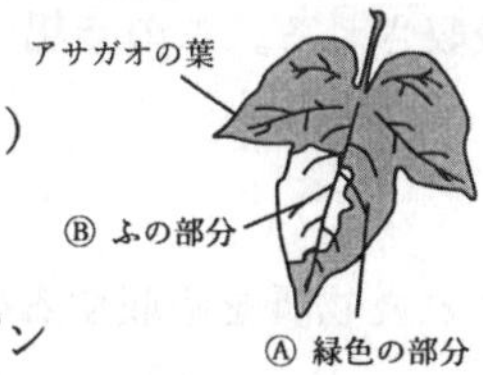

① 葉を脱色するために、あたためた（　ア　）
につける。

② ①のあと、水でよくすすいでから、デンプン
の有無を調べるために（　イ　）につける。

③ ②のとき、（　ウ　）色に変化した⑧の部分には
デンプンができていることがわかる。

④ ⑧と⑱を比べると、光合成は葉の緑色の部分にある（　エ　）で
行われていることがわかる。

図2
アサガオの葉
⑱ ふの部分
⑧ 緑色の部分

(15) 図3のように、タンポポの葉を入れた試験管Aと
何も入れていない試験管Bのそれぞれに息をふき
こみゴム栓をする。試験管A、Bに30分ほど光
をあてた後、石灰水を入れてよく振る。

① 石灰水が白くにごるのは試験管（　ア　）である。

② 石灰水が白くにごったのは（　イ　）という気体のためである。

③ 試験管（　ウ　）で石灰水が白くにごらなかったのは（　イ　）
という気体が葉の（　エ　）に使われたためである。

図3
A　B　光

(16) 食物にふくまれている炭水化物、脂肪、タンパク質などの養分を
吸収されやすい形に変えるはたらきを（　　　）という。

(17) 口→食道→胃→小腸→大腸→肛門と続く、食物が通る管を
（　　　）という。

(18) だ液や胃液などの消化液にふくまれ、決まった養分にはたらい
て消化のはたらきをするものを（　　　）という。

(19) だ液にふくまれるアミラーゼが消化する栄養分は（　　　）。

(20) 胃液にふくまれるペプシンが消化する栄養分は（　　　）。

(21) 小腸では食物中の栄養分が完全に消化・吸収される。
次の3つは最終的には何に分解されるか。

ア　デンプン　　イ　タンパク質　　ウ　脂肪

| 14 ア |
| イ |
| ウ |
| エ |
| 15 ア |
| イ |
| ウ |
| エ |
| 16 |
| 17 |
| 18 |
| 19 |
| 20 |
| 21 ア |
| イ |
| ウ |

5

(22) 分解された物質は最終的に小腸の内側にある
図4のような突起から吸収される。この突起
を（　　　）という。

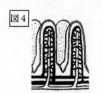

図4

(23) (22)のつくりは消化された物質を吸収するのにどのように都合
がよいか。

(24) 脂肪の消化を助ける胆汁（たんじゅう）をつくっているのは何という消化器官か。

(25) 肺をつくっている無数の小さな袋を何というか。

(26) (25)が多数あることで、空気とふれる（　ア　）が大きくなり、
酸素と（　イ　）の交換を効率よく行うことができる。

(27) ヒトの呼吸運動は、（　　　）という筋肉や、ろっ骨を動かす胸の
筋肉のはたらきによって行われる。

(28) 心臓から送り出される血液が流れる血管を（　　　）という。

(29) 心臓へもどってくる血液が流れる血管を（　　　）という。

(30) からだのすみずみまではりめぐらされている細い血管を何というか。

(31) 図5のA～Dの名称をそれぞれ答えよ。
（Dは液体成分を表している。）

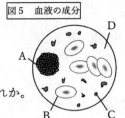

図5　血液の成分

(32) 次のはたらきをする成分は図5のA～Dのどれか。
　　ア　出血したときに血液を固める。
　　イ　体内に入った細菌をとらえる。
　　ウ　養分や不要物を運ぶ。

(33) 酸素の多いところでは酸素と結びつき、酸素が少ないところでは
酸素をはなす性質をもつ、赤血球に含まれる赤色の成分は何か。

(34) 血しょうの一部が、毛細血管からしみ出して細胞の間にたまった
ものを（　　　）という。

22
23
24
25
26 ア
イ
27
28
29
30
31 A
B
C
D
32 ア
イ
ウ
33
34

(35) 図6のA〜Dの名称を下の説明文を参考に
して、それぞれ答えなさい。

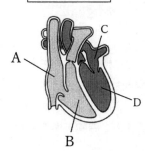
図6　心臓のつくり

A　全身からもどる血液が流れ込む。
B　肺にむけて血液を送り出す。
C　肺からもどる血液が流れ込む。
D　全身にむけて血液を送り出す。

(36) 図6のAとB、CとDの間には、血液
の逆流を防ぐための（　　　）がある。

(37) 心臓から肺を通って心臓にもどる血液の経路を（　　　）循環という。

(38) 心臓から肺をのぞく全身を通って心臓にもどる血液の経路
を（　　　）循環という。

(39) 酸素を多くふくむ血液を（動脈血／静脈血）という。

(40) 二酸化炭素を多くふくむ血液を（動脈血／静脈血）という。

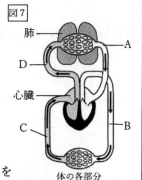
図7
肺
心臓
体の各部分

(41) 動脈血が流れているのは、図7の
（　　）と（　　）である。

(42) 静脈血が流れているのは、図7の
（　　）と（　　）である。

(43) 図7で、肺から心臓にもどってくる血管Aを
（　ア　）といい、心臓から肺に向けて送り出さ
れる血管Dを（　イ　）という。

(44) 細胞の活動でできた有害なアンモニアは、
（　　　）で無害な尿素につくりかえられる。

(45) 血液中から尿素などの不要物をとり除くはたらき
をするのは（　　　）である。

(46) 尿素などは、尿としてじん臓から（　　　）を通って、
ぼうこうへ運ばれる。

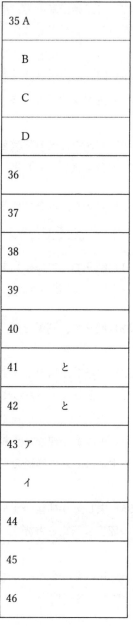

| 35 A |
| B |
| C |
| D |
| 36 |
| 37 |
| 38 |
| 39 |
| 40 |
| 41　　　と |
| 42　　　と |
| 43 ア |
| イ |
| 44 |
| 45 |
| 46 |

合格・理科

(47) 目、鼻、耳、舌、皮ふのような外界から刺激を受けとる器官を
　　　（　　　　）という。

(48) 図8で、水晶体ともいい、網膜の上にピントのあった
　　　像を結ぶようにするアの部分を（　　　）という。　図8

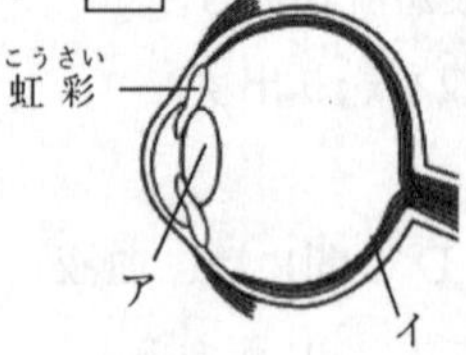

こうさい
虹彩

(49) 図8で、光の刺激を受けとる細胞があるイの
　　　部分を（　　　）という。

(50) 図9で、音を受けとり振動するアの部分を
　　　（　　　）という。　図9

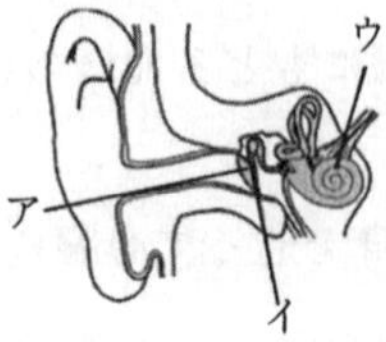

(51) 図9で、アの振動をウに伝えるイの部分を
　　　（　　　）という。

(52) 図9で、刺激を受けとる細胞があるウの部分を（　　　）という。

(53) 神経系は脳やせきずいからできている（　ア　）神経と、体のすみ
　　　ずみまでいきわたっている（　イ　）神経から構成されている。

(54) 末しょう神経のうち、感覚器官で受けとった刺激の信号を脳やせき
　　　ずいに伝える神経を（　　　）という。

(55) 末しょう神経のうち、脳やせきずいからの信号を手や足などの運動
　　　器官に伝える神経を（　　　）という。

(56) 熱いものを触って思わず手を引っこめるなど、刺激に対して無意識
　　　におこる反応を（　　　）という。

(57) (56) の反応がおこるとき、その反応の命令を出しているところを下
　　　の【　】の中から一つ選べ。

【　脳 ，せきずい ，感覚神経 ，運動神経　】

(58) 骨と骨をつなぐ部分を（　　　）という。

(59) 筋肉が骨についている部分を（　　　）という。

47
48
49
50
51
52
53 ア
イ
54
55
56
57
58
59

3．生物の成長とふえ方

（1）図1のタマネギの細胞を用いて、細胞分裂を観察するためにもっとも適当な部分は㋐～㋒のどこか。

図1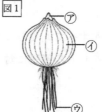

（2）図2は、細胞分裂のようすをスケッチしたものである。

ア　②に見られるひも状のXは（　　　）。

イ　①～⑥を①をはじめとして、細胞分裂の順に並べよ。

図2

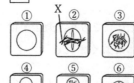

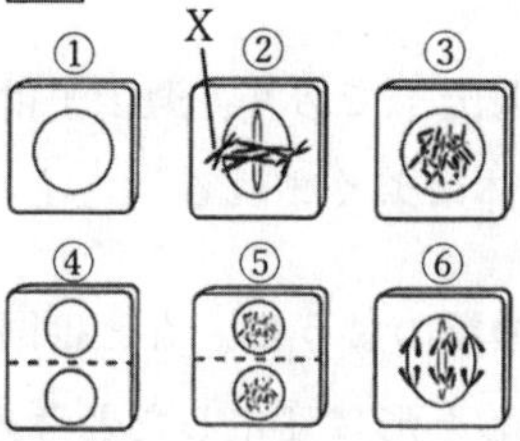

（3）アメーバ、ミカヅキモなどのように体細胞分裂によって雄と雌に関係なく仲間をふやす方法を（　　　）生殖という。

（4）図3は被子植物の受粉後の花の断面の模式図である。

ア　①は花粉管の中を移動する（　　　）細胞、②は胚珠の中にある（　　　）細胞である。

イ　①、②の細胞がつくられるときの染色体の数が半分になる細胞分裂を（　　　）という。

図3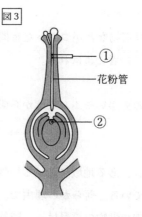

ウ　花粉管の先が胚珠までのびて、①の核と②の核が合体することを（　　　）という。

エ　受精卵は分裂を繰り返して（　　　）になる。

オ　エは成長し、やがて親と同じような体をつくる。この過程を（　　　）という。

カ　生殖細胞のはたらきによって、新しい個体をつくるふえ方を（　　　）生殖という。

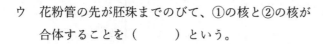

1
2 ア
イ ①→　　→
→　　→　　→
3
4 ア①
②
イ
ウ
エ
オ
カ

（5）図4は、エンドウの種子の形を調べたものである。

ア　生物の特徴となる形や性質を（　　　）という。

イ　子では、種子の形がすべて丸である。このとき丸の形質をしわの形質に対して何というか。

ウ　孫の代の丸の種子としわの種子の個体比はおよそ何対何になるか。

図4

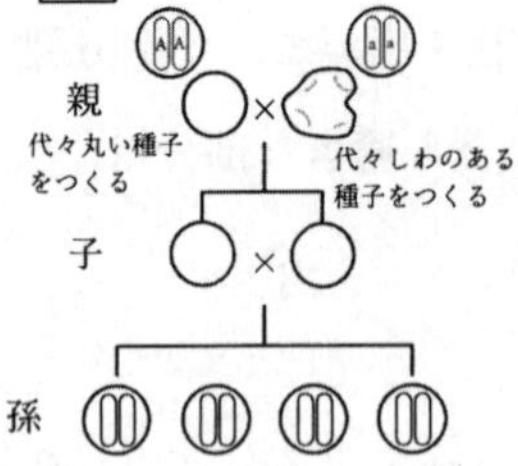

親　代々丸い種子をつくる × 代々しわのある種子をつくる

子 ○ × ●

孫

（6）形質を伝えるものが遺伝子であり、遺伝子は（　ア　）体にあり、その本体は（　ア　）体にふくまれる（　イ　）という物質である。

（7）ヒトの手とコウモリの翼のように、もとは同じものがそれぞれの生活やはたらきに適した形に変化したと考えられる体の部分を（　　　）という。

（8）生物が長い時間をかけて変化することを（　　　）という。

5	ア
	イ
	ウ
6	ア
	イ
7	
8	

4．自然界のつながり

（9）食べる・食べられるという関係によるつながりを（　　　）という。

（10）植物は自分自身で有機物をつくることから（　　　）者とよばれる。

（11）動物は植物などがつくった有機物を食べて生きていることから（　　　）者とよばれる。

（12）生物の死がいやふんなどから栄養を得ている生物を（　　　）者という。

9	
10	
11	
12	
13	

（13）図5は、ある地域における植物、草食動物、肉食動物の数量の関係を表している。何らかの理由で、その地域の草食動物が減少した。植物と肉食動物の数量は、一時的にそれぞれどうなるか。

ア　植物－増える　肉食動物－減る

イ　植物－減る　肉食動物－増える

ウ　植物－増える　肉食動物－増える

図5

肉食動物
草食動物
植物

(14) 微生物の中でカビやきのこなどを（　　　）類という。

(15) 微生物の中で大腸菌や乳酸菌などを（　　　）類という。

(16) プラスチックは燃焼すると、水と（　　　）という気体を発生する。

(17) 地球の平均気温が少しずつ上がっている傾向のことを（　　　）という。

(18) 社会の将来のために、資源の消費を減らして、資源をくり返し利用しようとする社会のことを（　　　）型社会という。

14	
15	
16	
17	
18	

（1）ガスバーナーの炎の色は（　　　）色になるように調整する。

（2）ガスバーナーの火を消すときの順にア～ウを並べよ。

　　　ア　ガス調節ねじを閉める。

　　　イ　空気調節ねじを閉める。

　　　ウ　コック、元栓の順に閉める。

図1　ガスバーナー

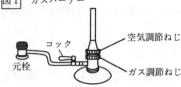

空気調節ねじ
コック
ガス調節ねじ
元栓

（3）上皿てんびんは（　ア　）なところに置き、指針が目もりの中央で
　　　左右に（　イ　）く振れているとき、つり合っている。

図2　指針

（4）次の物質から金属をすべて選びなさい。

　　　【砂糖 ， 銅 ， ガラス ， 水 ， 紙 ， 鉄 】

（5）金属の性質について、ア、イをうめよ。

　　　①　みがくと光を受けて輝く。

　　　②　たたくと広がり、引っぱると（　ア　）。

　　　③　電流が流れやすく、熱が（　イ　）。

（6）質量が386.4g、体積が20cm³の固体がある。
　　　この固体は何という物質か。表1をみて答えよ。

表1

	密度(g/cm³)
金	19.32
銀	10.50
銅	8.96
亜鉛	7.13

1	
2	→　　　→
3 ア	
イ	
4	
5 ア	
イ	
6	
7 ①	
②	
③	
④	

（7）次の表の①～④をうめよ。

	アンモニア	水素	二酸化炭素	酸素	塩素	塩化水素	窒素	メタン
におい	刺激臭	ない	ない	ない	刺激臭	刺激臭	ない	ない
色	ない	ない	ない	ない	①	ない	ない	ない
水へのとけやすさ	非常にとけやすい	②	少しとける	とけにくい	とけやすい	非常にとけやすい	とけにくい	とけにくい
集め方	上方置換法	水上置換法	下方（水上）置換法	③ 置換法	下方置換法	下方置換法	水上置換法	水上置換法
その他の性質	有毒な気体。水溶液はアルカリ性。（アンモニア水）	空気中で火をつけると爆発して燃え、水滴ができる。	④ を白くにごらせる。水溶液は酸性。（炭酸水）	ものを燃やすはたらきがある。空気のおよそ21%をしめる。	漂白・殺菌作用がある。有毒。水溶液は酸性。	水溶液は塩酸。水溶液は酸性。有毒。	空気のおよそ78%を占める	天然ガス（都市ガス）の主成分

（8）ア〜エの方法で気体を試験管に集めた。それぞれ何の気体が集まるか。

　ア　二酸化マンガンにうすい過酸化水素水を加えた。

　イ　石灰石にうすい塩酸を加えた。

　ウ　塩化アンモニウムと水酸化カルシウムを混合して加熱した。

　エ　亜鉛にうすい塩酸を加えた。

（9）アンモニアの水溶液にフェノールフタレイン溶液を加えると（　　　）色になる。

（10）二酸化炭素は水にとけると（　　　）性の性質を示す。

（11）図3は、ビーカーに入った氷を加熱し、加熱した時間と温度の関係をグラフにしたものである。

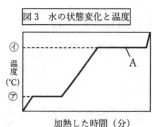

図3　水の状態変化と温度

　　①　⑦の温度は0℃で、その温度を（　　　）という。

　　②　④の温度は100℃で、その温度のことを（　　　）という。

　　③　Aの部分は（氷と水／水と水蒸気）が混ざった状態である。

（12）右の表で、1000℃で固体である物質はどれか。

（13）右の表で、エタノールは0℃のとき、固体・液体・気体のどれか。

物質	融点（℃）	沸点（℃）
鉄	1538	2862
アルミニウム	660	2520
エタノール	−115	78

（14）図4のような装置で、水とエタノールの混合物を加熱し、3本の試験管 A→B→C の順に液体を 1mL ずつ集めた。液体を集めた試験管A、B、Cの中で、エタノールをもっとも多くふくむのは（　　　）である。

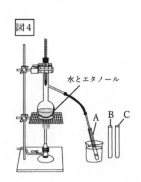

図4

水とエタノール

（15）（14）のようになった理由は、沸点が低い ア（エタノール／水）の方が イ（エタノール／水）より先に出てくるからである。

（16）図4のように液体を沸騰させて気体にし、それをまた液体にして集める方法を（　　　）という。

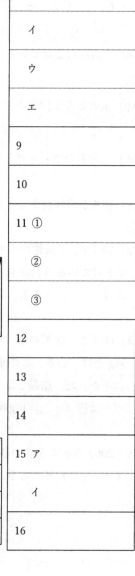

8 ア	
イ	
ウ	
エ	
9	
10	
11 ①	
②	
③	
12	
13	
14	
15 ア	
イ	
16	

(17) 水に砂糖がとけた砂糖水のように、水に物質がとけた液体を
（　　　）という。

(18) 水溶液にとけている物質を（　　　）という。

(19) 水のように溶質をとかしている液体を（　　　）という。

(20) 一定量の水にとける物質の最大の量を（　　　）という。

(21) 物質が溶解度までとけている水溶液のことを（　　　）という。

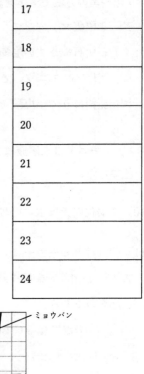

17
18
19
20
21
22
23
24

(22) 図5で、3種類のうち、40℃の水100g
にとけている質量がもっとも大きい物質
は（　　　）である。

(23) 図5で、60℃の水100gにミョウバンが
58gとけている。この水溶液の温度が20℃
に下がった。結晶となって出てくるミョウ
バンは約（　　　）gである。

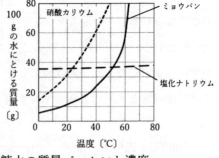

図5　溶解度曲線

(24) 200gの水に50gの砂糖をとかした。この砂糖水の質量パーセント濃度
は（　　　）％である。

6. 化学変化と原子・分子

（1）酸化銀は加熱すると（　　　）と（　　　　）に分解される。

（2）図1のように、炭酸水素ナトリウムを
　　　加熱する。

図1

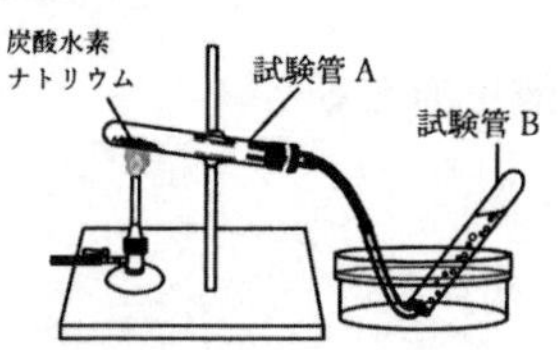

炭酸水素
ナトリウム　　試験管A
　　　　　　　　　　試験管B

　　　ア　試験管Bに集めた気体に石灰水を
　　　　　加えて振ると（　　　）にごる。

　　　イ　試験管Bに集まった気体は（　　　）である。

　　　ウ　試験管Aの口付近についた液体に塩化コバルト紙
　　　　　をつけると塩化コバルト紙は青色から（　　　）色に変わる。

　　　エ　加熱した試験管Aの口付近についている液体は（　　　）である。

　　　オ　炭酸水素ナトリウムと試験管Aに残った白色の固体を水溶液に
　　　　　し、フェノールフタレイン溶液を加えた。濃い赤色になったのは
　　　　　どちらの水溶液か。

　　　カ　白色の固体は（　　　）という物質である。

　　　キ　炭酸水素ナトリウムを熱したときの化学変化を書け。

　　　　　炭酸水素ナトリウム→＿＿＿＿＋二酸化炭素＋水

（3）図2のように、水を電気分解する実験を行った。

　　　ア　実験では電流を流れやすくするために（　　　）
　　　　　を水に溶かす。

図2

気体　　　　気体

電源装置

　　　イ　陽極に集まった気体は（　　　）である。

　　　ウ　陰極に集まった気体は（　　　）である。

　　　エ　マッチの炎を近づけると音を立てて燃える
　　　　　のは（　　　）である。

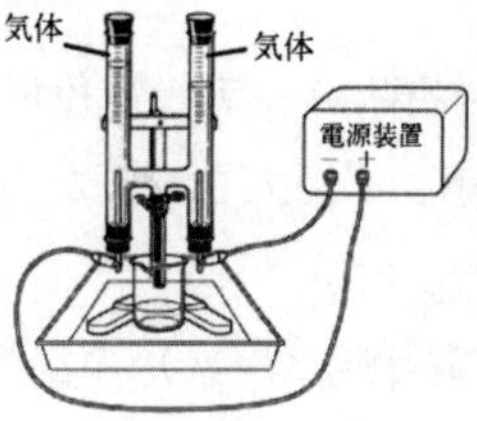

（4）物質をつくっている最小の粒子を（　　　）という。

（5）いくつかの（4）が結びついてできており、物質の性質を示す最小
　　　の粒子を（　　　）という。

（6）次の物質の化学式を書きなさい。

　　　①　酸素　　　②　水　　　③　二酸化炭素　　　④　酸化銅　　　⑤　酸化銀
　　　⑥　塩化ナトリウム　　　⑦　アンモニア　　　⑧　酸化マグネシウム

1	
2 ア	
イ	
ウ	
エ	
オ	
カ	
3 ア	
イ	
ウ	
エ	
4	
5	
6 ①	②
③	④
⑤	⑥
⑦	⑧

合格・理科

（7）図3のように、鉄と硫黄の混合物を加熱した。 図3

    ア　化学変化が始まったところで、加熱をやめた。

       その後、反応は（続く／止まる）。

    イ　加熱前の混合物に塩酸を加えると（　　　）が発生した。

    ウ　鉄と硫黄が化合して（　　　）ができる。

    エ　加熱後の物質に塩酸を加えると（　　　）が発生する。

（8）次の化学反応式を完成させよ。

    ア　$Fe+S \rightarrow$ ＿＿＿＿＿

    イ　$2H_2+O_2 \rightarrow$ ＿＿＿＿

    ウ　$C+O_2 \rightarrow$ ＿＿＿＿

    エ　$2NaHCO_3 \rightarrow Na_2CO_3+CO_2+$ ＿＿＿＿

    オ　$2Ag_2O \rightarrow 4Ag+$ ＿＿＿＿

図4

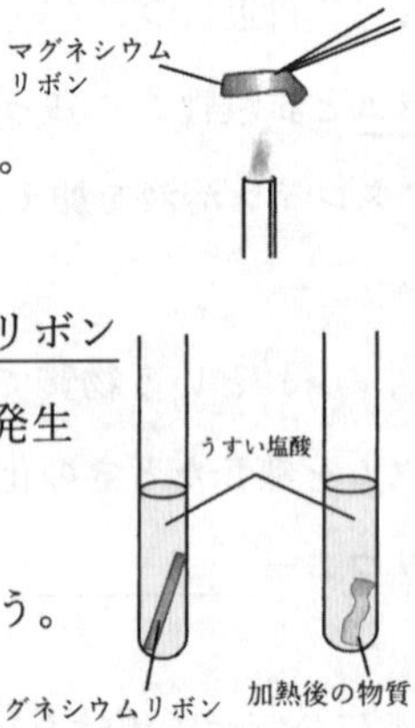

マグネシウムリボン

（9）図4のように、マグネシウムリボンを加熱した。

    ア　加熱後の物質は（　　　）である。

    イ　うすい塩酸を入れた試験管にマグネシウムリボン

      と加熱後の物質をそれぞれ入れた。水素が発生

      したのはどちらの物質を入れた試験管か。

うすい塩酸

    ウ　酸素と結びつく化学変化を（　　　）という。

マグネシウムリボン　　加熱後の物質

（10）スチールウール（鉄）は燃焼すると、（　ア　）と結びついて
（　イ　）という物質になる。

（11）スチールウールは燃焼後、（　ア　）色になり、金属光沢がなく、
質量は加熱前より イ（小さく／大きく）なる。

（12）図5のように、酸化銅と炭（炭素）の混合物を加熱した。

    ア　試験管Bの石灰水は（　　　）にごる。

    イ　加熱後、試験管Aにできた物質は（　　　）。

    ウ　酸化銅は炭素に酸素をうばわれた。この

      ような化学変化を（　　　）という。 図5

試験管A

    エ　化学反応式を完成させよ。

      $2CuO+C \rightarrow 2Cu+$ ＿＿＿＿

試験管B

石灰水

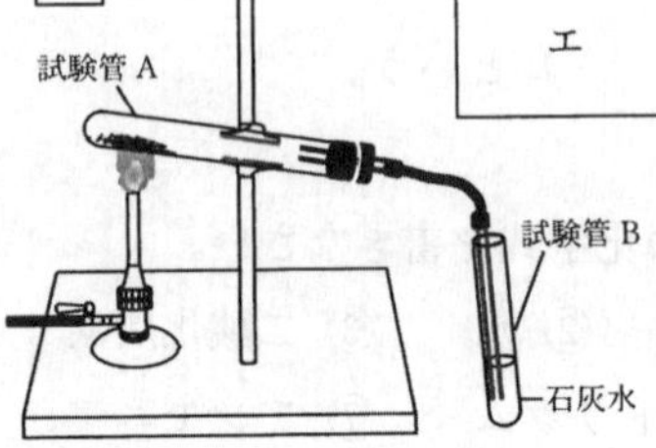

7 ア
イ
ウ
エ
8 ア
イ
ウ
エ
オ
9 ア
イ
ウ
10 ア
イ
11 ア
イ
12 ア
イ
ウ
エ

(13) 図6のように、炭酸水素ナトリウムと

うすい塩酸を入れ、容器を傾けて反応

させる。

図6

うすい塩酸

炭酸水素ナトリウム

密閉された
プラスチック容器

　　ア　発生した気体は（　　　）である。

　　イ　気体が発生しなくなってから、ふたを

　　　　閉めたまま容器全体の質量をはかると

　　　　反応前の質量と比べて（増加した／変わらなかった）。

　　ウ　イの理由は、化学変化の前後で原子の組み合わせは変わるが、

　　　　原子の種類と（　　　　）が変わらないからである。

(14) 図7のグラフより、銅と酸素が化合する

ときの質量の比は（　：　）である。

(15) 図7のグラフより、4.0gの酸化銅を

つくるには何gの銅が必要か。

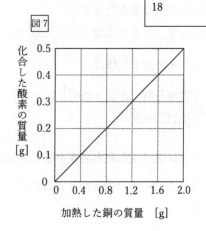

図7

化合した酸素の質量〔g〕

加熱した銅の質量　〔g〕

(16) マグネシウムと酸素が化合するときの

質量の比が3：2であるとき、2.4gの

マグネシウムを完全に酸化させると何g

の化合物ができるか。

(17) 鉄粉が空気中の酸素と化合すると熱を発生する。これは（　　　）反応

である。

(18) 水酸化バリウムと塩化アンモニウムに水を加えると、アンモニアが発生

し温度が下がる。これは（　　　）反応である。

13	ア
	イ
	ウ
14	
15	
16	
17	
18	

7. 水溶液とイオン

（1）水にとかしたときに、その水溶液に電流が流れる物質を（　　　）という。

（2）次の物質のうち、水にとかして水溶液をつくり電流が流れるのはどれか。

【 塩化銅 , 砂糖 , 食塩 , エタノール , 水酸化ナトリウム 】

（3）水にとかしたときに、その水溶液に電流が流れない物質を（　　　）という。

（4）うすい塩酸の電気分解を行った。

ア　陰極から発生する気体は（　　　）。

イ　陽極から発生する気体は（　　　）。

ウ　塩酸を電気分解したときの化学変化を化学反応式で表せ。

$2 HCl \rightarrow H_2 +$ ＿＿＿＿

（5）図1のような装置で塩化銅水溶液を電気分解した。

ア　電極Xの表面に赤い物質が付着した。
この物質は（　　　）。

図1

電極X　電極Y

炭素棒　塩化銅水溶液

イ　電極Yからは気体が発生した。
この気体は（　　　）。

ウ　電極Y付近の液をとり、赤インクで色をつけた
水に入れた。赤インクの色はどうなったか。

エ　塩化銅水溶液を電気分解したときの化学変化を
化学反応式で表せ。　$CuCl_2 \rightarrow$ ＿＿＿＿$+ Cl_2$

（6）＋の電気を帯びた粒子を（　ア　）イオン、−の電気を帯びた粒子を（　イ　）イオンという。

（7）物質を水にとかしたとき、その物質が陽イオンと陰イオンに分かれることを（　　　）という。

図2

（8）図2は原子の構造を表したものである。
ア〜エの名称を書きなさい。

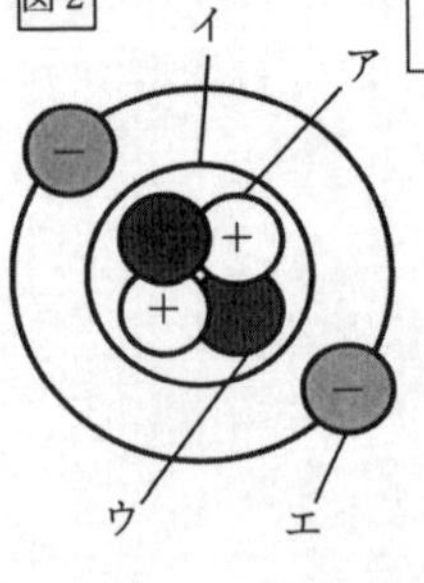

1	
2	
3	
4 ア	
イ	
ウ	
5 ア	
イ	
ウ	
エ	
6 ア	
イ	
7	
8 ア	
イ	
ウ	
エ	

（9）次のイオンの化学式を書きなさい。
　　ア　水素イオン　　　イ　ナトリウムイオン
　　ウ　塩化物イオン　　エ　水酸化物イオン
　　オ　銅イオン　　　　カ　硫酸イオン

（10）次のイオンができる変化を、化学式を用いて表しなさい。
　　　　$HCl \rightarrow$（　ア　）$+ Cl^-$
　　　　$NaOH \rightarrow$（　イ　）$+ OH^-$
　　　　$NaCl \rightarrow Na^+ +$（　ウ　）
　　　　$CuCl_2 \rightarrow Cu^{2+} +$（　エ　）

（11）うすい塩酸をリトマス紙につけると、（　ア　）色リトマス紙が
　　　（　イ　）色に変わる。

（12）うすい水酸化ナトリウム水溶液に緑色のBTB液を入れると、水溶
　　　液は（　　　　）色になる。

（13）水にとかしたとき、電離して水素イオン（H^+）を生じる物質を
　　　（　　　　）という。

（14）水にとかしたとき、電離して水酸化物イオン（OH^-）を生じる物質
　　　を（　　　　）という。

（15）水溶液の酸性やアルカリ性の強さをpHで表す。pH7は中性で、
　　　7より小さいほど（　ア　）性が強く、7より大きいほど（　イ　）
　　　性が強い。

（16）次のうち、酸性であるものをすべて選べ。
　　　【　食塩水，硫酸，水酸化バリウム，アンモニア水，塩酸　】

（17）酸とアルカリを混ぜ合わせたときの、それぞれの性質をたがいに
　　　打ち消し合う反応を（　　　　）という。

（18）（17）の反応によってできた水以外の物質を（　　　　）という。

（19）塩酸と水酸化ナトリウム水溶液の中和の式を完成させよ。
　　　　$HCl + NaOH \rightarrow$＿＿＿＿$+ H_2O$

9 ア
イ
ウ
エ
オ
カ
10 ア
イ
ウ
エ
11 ア
イ
12
13
14
15 ア
イ
16
17
18
19

(20) 硫酸と水酸化バリウム水溶液の中和の式を完成させよ。

$$H_2SO_4 + Ba(OH)_2 \rightarrow \underline{\hspace{2cm}} + 2H_2O$$

(21) 酸性・アルカリ性の水溶液の性質についてまとめた表を完成させよ。

	酸性	中性	アルカリ性
リトマス紙との反応	青色→赤色	変わらない。	赤色→（ ア ）色
緑色のＢＴＢ液の色の変化	（ イ ）色	緑色	青色
フェノールフタレイン液との反応	無色	無色	（ ウ ）色
マグネシウムとの反応	（ エ ）を発生		
電解質の水溶液かどうか	電解質の水溶液である。	電解質の水溶液とは限らない。	電解質の水溶液である。

(22) 図3の装置のように、化学エネルギーを電気エネルギーに変える
しくみを（　　　）という。

(23) 図3の装置で、電流をとり出す実験をした。

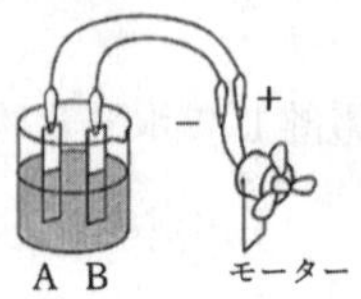

ア　水溶液に使うものとして、適当なものはどれか。

① 砂糖水　　② うすい塩酸　　③ エタノール

イ　金属板ＡとＢを次のどちらの組み合わせに
すると電流がとり出せるか。

① Ａ：銅板　Ｂ：亜鉛板　　② Ａ：銅板　Ｂ：銅板

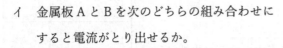

図3

A B　モーター

(24) Mg(マグネシウム)、Cu(銅)、Zn(亜鉛)の金属をイオンになり
やすい順に左から並べなさい。

(25) 図4は、ダニエル電池のしくみを表したものである。

ア　電子が移動する向きはa、bのどちらか。

イ　−極と＋極で起こる反応を完成させなさい。

（−極）Zn → Zn²⁺＋ ① _____

（＋極） ② _____ ＋2e⁻ → Cu

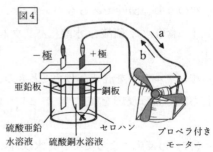

図4

－極　＋極
a
b
亜鉛板
銅板
硫酸亜鉛水溶液
硫酸銅水溶液
セロハン
プロペラ付きモーター

(26) 水素などの燃料が酸化される化学変化から、電気エネルギーをとり
出すしくみを（　　　）という。

20	
21 ア	
イ	
ウ	
エ	
22	
23 ア	
イ	
24	＞　　　＞
25 ア	
イ①	
②	
26	

8．光・音・力

（1）図1のように、光が反射するとき、入射角と反射角の大きさは（　　）。

（2）図2のように、光が空気中から水やガラスの中へ進むとき、入射角と屈折角はどのような関係になるか。不等号を使って表せ。

（3）図3のような水と空気の境界面での光の進み方として正しいものはどれか。

（4）図4のように、光はでこぼこした面ではいろいろな方向に反射する。これを（　　）という。

（5）図5のように、光が水やガラスの中から空気中に進むとき、入射角が大きい場合は、屈折がおこらずすべて反射する。これを（　　）という。

（6）凸レンズから焦点までの距離を（　　）という。

（7）凸レンズにより、スクリーンなどに光が集まってできる像を何というか。

（8）図6〜図10のうち、物体と同じ大きさで上下左右が逆の像ができるのは（　　）である。

（9）図6〜図10のうち、物体より大きく上下左右が逆の像ができるのは（　　）である。

（10）図6〜図10のうち、凸レンズの反対側から見ると、物体より大きな虚像が見えるのは（　　）である。

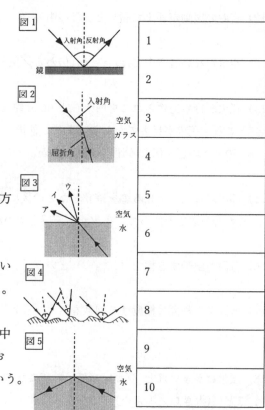

1	
2	
3	
4	
5	
6	
7	
8	
9	
10	

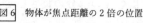
図6　物体が焦点距離の2倍の位置

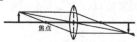
図7　物体が焦点距離の2倍の位置より外側

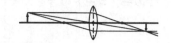
図8　物体が焦点距離の2倍の位置と焦点の間

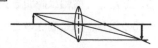
図9　物体が焦点の位置

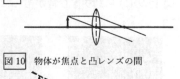
図10　物体が焦点と凸レンズの間

合格・理科

(11) 振動して音を発しているものを（　　　）という。

(12) 音源の振動が耳まで届くと、耳の中の（　　　）が振動する。

(13) 空気がない真空中では、音は（伝わる／伝わらない）。

(14) 花火が打ち上げられる場所から 1700 m 離れた所で花火を観察した
　　 ところ、花火が見えてからちょうど 5 秒後に音が聞こえた。
　　 このときの音が伝わる速さは何 m/s か。

(15) 部屋から花火が光るのを確認した 2 秒後に音が聞こえた。(14) で求
　　 めた音の速さを使って、花火から部屋までの距離を求めなさい。

(16) 音源が振動する幅を（　　　）という。

(17) 音源が 1 秒間に振動する回数を（　ア　）といい、単位は（　イ　）
　　 である。

(18) 振動数が多いほど ⁷(高い／低い) 音になる。また、振幅が大きい
　　 ほど ⁴(大きい／小さい)音になる。

(19) 図 11 のモノコードのことじを左右に動かし、
　　 弦をはじく A の部分の長さを変える。高い
　　 音を出すには、ことじを（左／右）に動か
　　 す。

図11
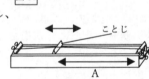
ことじ

A

(20) 図 11 のモノコードの音を大きくするには弦を（強く／弱く）はじく。

(21) 図 12 はオシロスコープを使ってモノコードの音の波形を調べたもので
　　 ある。ただし、横軸は時間を表し、①〜③の時間はどれも等しい。
　　 ①〜③のうち、同じ高さの音であるのは、（　　　）と（　　　）である。

(22) 図 12 の①〜③のうち音がもっとも小さいのは（　　　）である。

図12　　①　　　　　　②　　　　　　③
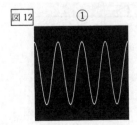
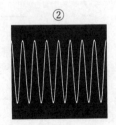
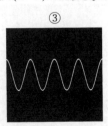

11	
12	
13	
14	
15	
16	
17 ア	
イ	
18 ア	
イ	
19	
20	
21	と
22	

(23) 地球上の物体にはたらく、地球の中心に向かう力を（　　　　）という。

(24) 力の大きさの単位はニュートン（N）である。1 Nの力は
約（　　　　）gの物体にはたらく重力の大きさに等しい。

図13

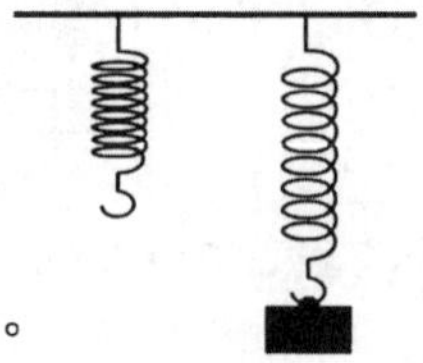

(25) 図13のように、300gのおもりをつり下げた。
100gの物体にはたらく重力の大きさを1 N
として、次の問いに答えよ。
ア　おもりがばねを引く力は（　　　）Nである。
イ　450gの物体にはたらく重力の大きさは（　　　）Nである。

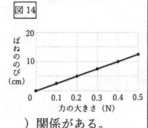

図14

(26) 図14は、ばねにおもりをつり下げて、
ばねにはたらく力の大きさとばねののび
との関係を調べた結果である。

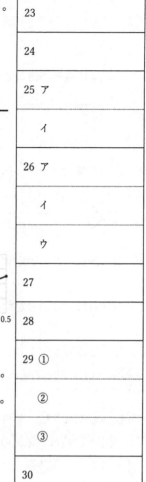

ア　力の大きさとばねののびの間には（　　　）関係がある。
イ　このばねに0.8Nの力を加えると、ばねの伸びは（　　）cmになる。
ウ　このばねを30 cmのばすには、（　　　）Nの力を加えればよい。

(27) 地球上である物体の質量をはかると300gであった。月面上でこの
物体にはたらく重力の大きさは何 Nか。質量100gの物体に地球
上ではたらく重力の大きさを1 Nとし、月面上での重力の大きさ
は地球上の $\frac{1}{6}$ とする。

(28) 1つの物体に2つの力がはたらいていても物体が動かないとき、
これらの力は（　　　）という。

(29) 1つの物体に2つの力がつり合っているとき、①2力の大きさ、
②2力の向き、③2力の位置関係がそれぞれどうなっているか
答えよ。

(30) 次の中から、2つの力がつり合っていないものをすべて選べ。

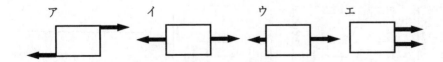

23	
24	
25 ア	
イ	
26 ア	
イ	
ウ	
27	
28	
29 ①	
②	
③	
30	

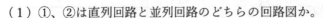

9．電流とその利用

（1）①、②は直列回路と並列回路のどちらの回路図か。

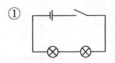　　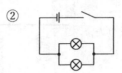

（2）次の電気用図記号は何を表しているか。

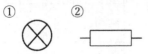　

（3）電流計は回路の測定する部分に（直列／並列）につなぐ。

（4）電圧計は回路の測定する部分に（直列／並列）につなぐ。

（5）電流計の針が図1のようになったとき、電流計の大きさは何mAか。

（6）図2のグラフは、電熱線①、②に加えた電圧と、流れる電流の関係を表したものである。電熱線①、②の抵抗をそれぞれ求めなさい。

（7）図2のグラフより、電流と電圧の間にはどのような関係があるといえるか。

（8）下の図の（　）内を求めよ。

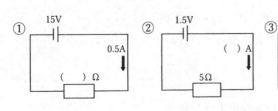

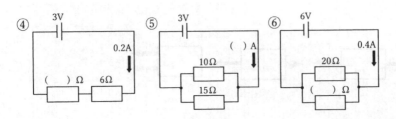

1 ①	
②	
2 ①	
②	
③	
④	
⑤	
3	
4	
5	
6 ①	
②	
7	
8 ①	
②	
③	
④	
⑤	
⑥	

24

（9）1秒あたりに消費する電気エネルギーの量を（　　　　）という。

（10）100V の電源につなぐと 5A の電流が流れるトースターが消費する
　　　電力は（　　　）W である。

（11）100V で 800W のアイロンを使うとき、（　　）A の電流が流れる。

（12）60W の電力を 10 秒間使ったときの電力量は（　　　）J である。

（13）600W のアイロンを使ったところ、消費した電力量は 72000J であっ
　　　た。このときアイロンを使った時間は（　　　）秒である。

（14）図 3 は、棒磁石のまわりの磁界のようすを
　　　表したものである。
　　　ア　図 3 の棒磁石の N 極は
　　　　　P と Q のどちらか。
　　　イ　A〜C で最も磁界が強いのはどこか。

9	
10	
11	
12	
13	
14 ア	
イ	
15	
16	
17	

（15）導線に電流を流した。磁界の向きを正しく示しているのはどちらか。

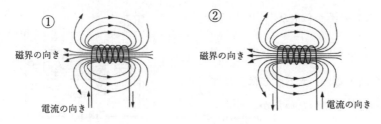

（16）コイルに電流を流した。磁界の向きを正しく示しているのはどちらか。

①　　　　　　　　　　　　②

磁界の向き　　　　　　　　　磁界の向き

電流の向き　　　　　　　　　電流の向き

（17）①のように、U 字型磁石の間につり下げた導線に電流を流したところ
　　　導線は矢印の向きに動いた。②の導線は⑦〜㋓のどちらへ動くか。

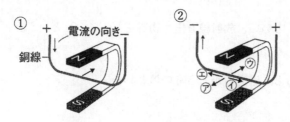

(18) ①のように、磁石のN極をコイルに近づけたとき、矢印の向きに
電流が流れた。②ではN極を遠ざけた。②では⑦、④のどちらの向
きに電流が流れるか。

(19) コイルをつらぬく磁界が変化すると、コイルに電圧が生じて電流が
流れる。この現象を（　　　　）という。

(20) (19)のときに流れる電流を（　　　　）という。

(21) 図4のように、ストローをティッシュペーパーで
こすった。

　　ア　このときに発生した電気を（　　　）という。

　　イ　電気が発生したのは、ティッシュペーパーの中
　　　　にある（　　　）がストローへ移動したためである。

　　ウ　イの結果、ストローは＋と－のどちらの電気を帯びるか。

(22) 図5のようなクルックス管に大きな電圧をかけると蛍光板
に光るすじが見えた。

　　ア　光るすじは（　　　）線である。

　　イ　アの線はa、bどちらの極から飛び出しているか。

　　ウ　アの粒子は＋、－どちらの電気をもっているか。

　　エ　c、d間に電圧を加えると、光るすじは上に曲がった。
　　　　cは＋極と－極のどちらにつないだか。

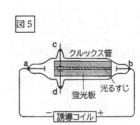

(23) X線やα線、β線、γ線などをまとめて（　　　）という。

(24) 放射線を出す能力を（　ア　）といい、放射線を出す物質を（　イ　）という。

(25) α線、β線、γ線のうち、もっとも透過力があるものはどれか。

18	
19	
20	
21 ア	
イ	
ウ	
22 ア	
イ	
ウ	
エ	
23	
24 ア	
イ	
25	

合格・理科

10. 運動とエネルギー

（1）図1では、物体Aが机の上で静止している。この物体にはたらく、重力とつり合いの関係にある力を何というか。また、実際にはたらく力を矢印で表せ。

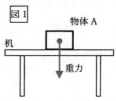

図1

（2）①、②について、2つの力の合力Fを作図せよ。

①　　　　　　　　　②

（3）斜面上の物体にはたらく力をあらわした図2の力Wを（　　　）という。

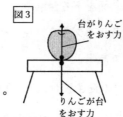

図2

（4）図3で、台がりんごをおす力とりんごが台をおす力はつり合っている。これを（　　　）の法則という。

（5）水中の物体にはたらく圧力を（　　　）という。

（6）（5）は水面からの深さが深いほど（大きく/小さく）なる。

（7）水中にある物体にはたらく上向きの力を（　　　）という。

（8）図4で、30Nのレンガをばねばかりにつるして、全部水中に入れ、ばねばかりで測ると20Nであった。このレンガにはたらいている浮力は何Nか。

（9）車で180kmを3時間で走った。この車の速さは（　　　）km/h。

（10）C君はA地点とB地点の距離7.2kmを1時間で移動した。C君は何m/sの速さで移動したか。

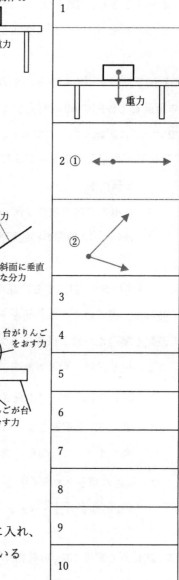

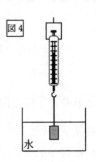

図4

(11) 一直線上を一定の速さで進む物体の運動を（　　　）という。

(12) 物体に外から力がはたらかない場合、静止している物体はいつまでも静止し続け、運動している物体はいつまでも等速直線運動を続ける。このことを（　　　）の法則という。

(13) 図5は、水平でなめらかな面の上での台車の運動を1秒間に60回打点する記録タイマーでテープに記録したものである。

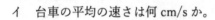

図5

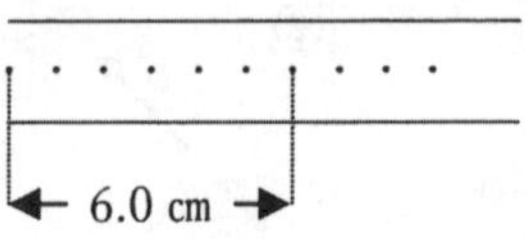

ア　この記録タイマーが6打点する時間は何秒か。

イ　台車の平均の速さは何cm/sか。

ウ　台車の12秒間の移動距離は何cmか。

(14) 1秒間に50回打点する記録タイマーを使って、図6のように斜面を下る台車の運動を調べた。図7は紙テープを5打点ごとに貼り付けたものである。

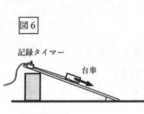

図6

記録タイマー
台車

ア　図7の記録テープの長さXは（　　　）cmである。

イ　図7の①を記録している間の台車の平均の速さは（　　　）cm/sである。

ウ　斜面の傾きを大きくすると、台車の速さの増え方はどうなるか。

図7

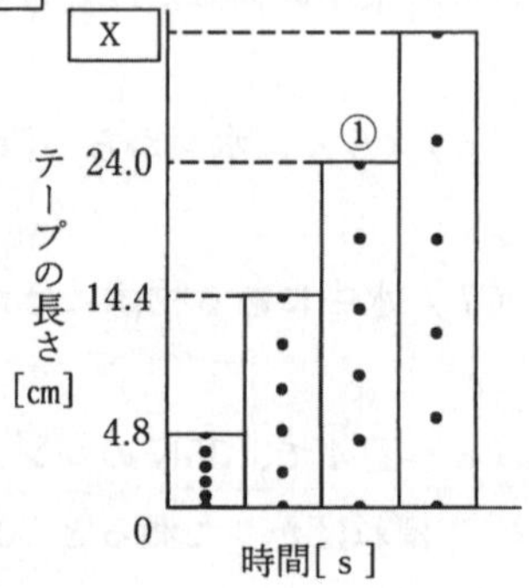

X
①
テープの長さ[cm]
24.0
14.4
4.8
0
時間[s]

(15) 床にある質量10kgの荷物を7m持ち上げたとき、荷物にした仕事は何Jか。100gの物体にはたらく重力の大きさを1Nとする。

(16) (15)の仕事をするのに7秒かかった。仕事率は何Wか。

(17) 図8のように、物体を6秒間で60cm動かした。はかりは0.6Nを示している。このとき、仕事は（　ア　）J、仕事率は（　イ　）W。

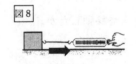

図8

| 11 |
| 12 |
| 13 ア |
| イ |
| ウ |
| 14 ア |
| イ |
| ウ |
| 15 |
| 16 |
| 17 ア |
| イ |

(18) 図9のように、Aさんが5kgの物体を4mの
高さまで持ち上げた。100gの物体にはたらく
重力の大きさを1Nとする。

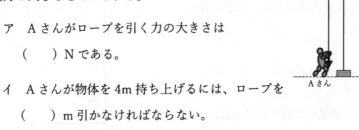
図9

　　ア　Aさんがロープを引く力の大きさは
　　　（　　　）Nである。

　　イ　Aさんが物体を4m持ち上げるには、ロープを
　　　（　　　）m引かなければならない。

　　ウ　Aさんがした仕事は（　　　）Jである。

　　エ　Aさんは物体を持ち上げるまでに10秒かかった。
　　　仕事率は（　　　）Wである。

(19) 図10のように、B君が5kgの物体を4mの高さ
まで持ち上げた。100gの物体にはたらく重力の
大きさを1Nとする。

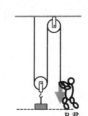
図10

　　ア　B君がロープを引く力の大きさは（　　　）N
　　　である。

　　イ　B君が物体を4m持ち上げるには、ロープを
　　　（　　　）m引かなければならない。

　　ウ　B君がした仕事は（　　　）Jである。

　　エ　B君は物体を持ち上げるまでに20秒かかった。
　　　仕事率は（　　　）Wである。

(20) 高いところにある物体がもっているエネルギーを（　　　　　）という。

(21) (20)のエネルギーの大きさは物体の位置が高いほど
　　（大きくなる／変わらない）。

(22) (20)のエネルギーの大きさは物体の質量が大きいほど
　　（大きくなる／変わらない）。

(23) 運動している物体がもっているエネルギーを（　　　）という。

18	ア
	イ
	ウ
	エ
19	ア
	イ
	ウ
	エ
20	
21	
22	
23	

(24) (23) のエネルギーの大きさは物体の速さが大きいほど
　　　（大きくなる／変わらない）。

(25) (23) のエネルギーの大きさは物体の質量が大きいほど
　　　（大きくなる／変わらない）。

(26) (20) と（23）のエネルギーの和を（　　　）という。

(27) 力学的エネルギーは摩擦や空気の抵抗がなければ、いつも
　　　（大きくなる／一定に保たれる）。

(28) 図 11 で位置エネルギーが最大になるのは A～E のどこか。

(29) 振り子が A から C に振れるとき、運動エネルギーは
　　　（増加／減少）する。

(30) 振り子が A から C に振れるとき、位置エネルギーは
　　　（増加／減少）する。

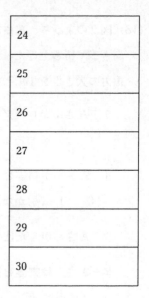

24
25
26
27
28
29
30

図 11

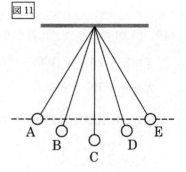

11. 火 山

（1）火山の地下にある岩石がどろどろにとけた物質を（　　　）という。

（2）マグマのねばりけがもっとも強いのは図1のA～Cのどの火山か。

図1

	A	B	C
模式図	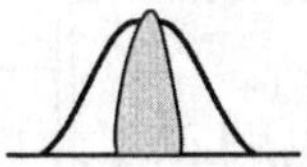		
例	雲仙普賢岳	桜島	マウナロア
溶岩の色	白っぽい ←――――――――→ 黒っぽい		

（3）昭和新山は図1のA～Cのどの火山のグループに入るか。

（4）マグマが冷えて固まった岩石を（　　　）という。

（5）マグマが地表近くで急に冷え固まってできた火成岩を（　　　）という。

（6）マグマが地下でゆっくり冷え固まってできた火成岩を（　　　）という。

（7）図2で、Aは（　ア　）組織、Bは（　イ　）組織である。

図2

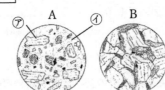

ア A ④ B

（8）図2のAの⑦は（　　　）、④は（　　　）である。

（9）図3の（ア）～（ウ）に適語を入れよ。

図3

火成岩の色	白っぽい ←――――――――――――→ 黒っぽい		
おもな鉱物	・セキエイ・チョウ石 ・カクセン石・クロウンモ	・チョウ石・キ石 ・カクセン石	・チョウ石・キ石 ・カンラン石
火山岩（斑状組織）	（ ア ）岩	安山岩	玄武岩
深成岩（等粒状組織）	（ イ ）岩	（ ウ ）岩	斑れい岩

1	
2	
3	
4	
5	
6	
7 ア	
イ	
8 ⑦	
④	
9 ア	
イ	
ウ	

(10) 地震が発生した場所を（　ア　）といい、（　ア　）の真上の地表
　　　の地点を（　イ　）という。

(11) 海底で大地震が起こったとき、海岸付近で注意しなければいけない
　　　災害は何か。

(12) 地震によって土地がもち上がることを（　ア　）、土地が沈むこと
　　　を（　イ　）という。

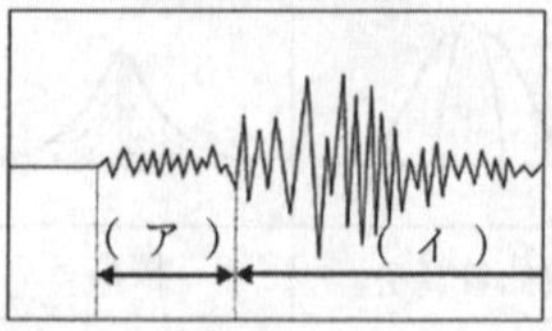

(13) 図4の初めの小さなゆれを（　ア　）、あと
　　　に続く大きなゆれを（　イ　）という。

図4　地震のゆれの記録

（ア）←→（イ）

(14) 初期微動を伝える波を（　ア　）波、主要動を伝える波を（　イ　）
　　　波という。

(15)（S波が届くまでの時間）−（P波が届くまでの時間）＝（　　　）時間

(16) 地震の規模は（　　　）で表される。

(17) ある地点での地震のゆれの程度は（　ア　）で表され、日本では
　　　0から7の（　イ　）段階に分けられる。

図5

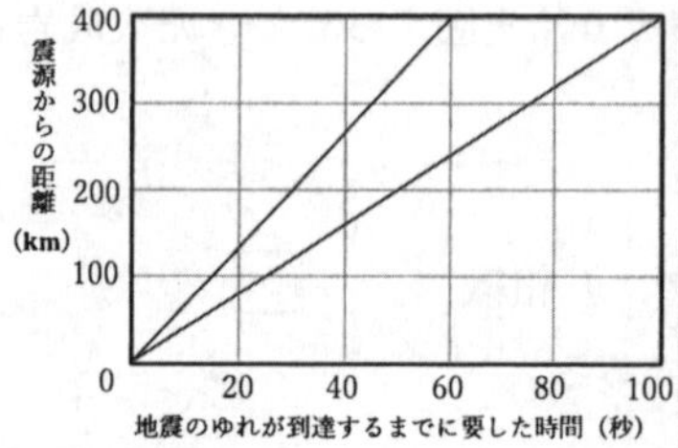

(18) 図5は、ある地震について、震源から
　　　観測点までの距離と、地震で発生した
　　　2つの波（P波とS波）が届くまでの
　　　時間との関係を示したグラフである。

震源からの距離(km)
地震のゆれが到達するまでに要した時間（秒）

　　ア　この地震のS波が伝わる速さは（　　　）km/s。
　　イ　震源から400km離れた観測点での初期微動が続いた時間は（　　　）秒。
　　ウ　イの観測点で初期微動が観測されはじめたのは、7時20分15秒で
　　　　あった。この地震が発生した時刻は（　　時　　分　　秒）。

(19) 地表の岩石が、長い間に気温の変化や雨風などによって表面が
　　　ボロボロになっていく現象を何というか。

(20) 風化した岩石が風や流水などによって削られていく。このような
　　　風や流水のはたらきを（　　　）という。

10 ア	
イ	
11	
12 ア	
イ	
13 ア	
イ	
14 ア	
イ	
15	
16	
17 ア	
イ	
18 ア	
イ	
ウ	時　　分　　秒
19	
20	

(21) 流水によって土砂が下流へ運ばれることを（　　　）という。

(22) 中流や下流では流れがゆるやかになるので、運ばれてきた土砂が
（　　　）して、扇状地や広い平野がつくられる。

(23) 地層が大きい圧力を受け、押し曲げられたものを（　　　）という。

(24) 大きな圧力が加わり、地層が切れてずれることによってできた、
くいちがいを（　　　）という。

(25) 海底や湖底に積もったれき・砂・泥などが固まってできたかたい
岩石を（　　　）という。

(26) 堆積した当時の自然環境を知る手がかりとなる化石を（　　　）
という。

(27) 堆積した時代を推定する手がかりとなる化石を（　　　）という。

(28) 図6はある地点における柱状図である。
Bにはアンモナイトの化石が、Eには
サンゴの化石が含まれていた。

　ア　E層が堆積した当時、この地域はごく浅い
　　　（あたたかい／冷たい）海だったと考えられる。

　イ　B層が堆積した地質年代は（新生代／中生代
　　　／古生代）である。

　ウ　D層が堆積した当時、付近で（火山活動／津波）
　　　があったと推測される。

　エ　泥岩、砂岩、れき岩のうち、もっとも粒が小さいのはどれか。

図6

A		泥岩
B	×	砂岩
C	▲▲▲	れき岩
D		凝灰岩
E	▲	石灰岩

(29) 泥岩、砂岩、れき岩をつくる岩石の粒は、火成岩の粒と比べて
どんな違いがあるか。

(30) 地球の表面をおおっている十数枚のかたい板を（　　　）という。

(31) 日本列島付近では、（　ア　）プレートが（　イ　）プレートの下
にもぐりこんでいる。

21	
22	
23	
24	
25	
26	
27	
28 ア	
イ	
ウ	
エ	
29	
30	
31 ア	
イ	

33

12. 天 気

（1）大気の重さによって生じる圧力を（　　　）という。

（2）図1のように、スポンジと3kgのレンガを
　　　使って圧力を調べた。100gの物体にはたら
　　　く重力の大きさを1Nとする。

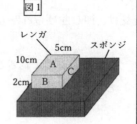

図1

レンガ　5cm　スポンジ
10cm　A
2cm　B　C

　　ア　スポンジのへこみがもっとも小さいの
　　　　は、A～Cのどの面を下にしたときか。
　　イ　アのときの圧力は何Paか。

（3）天気記号で書きなさい。

　　　① 快晴　② 晴れ　③ くもり　④ 雨　⑤ 雪

（4）図2は、（　ア　）の風、風力（　イ　）、
　　　天気は（　ウ　）である。

図2

北

（5）空全体を10としたとき、「晴れ」であるのは雲量が（　～　）のと
　　　きである。

（6）乾湿計の乾球と湿球は図3のようであった。表を参考にして、気温
　　　と湿度を求めなさい。

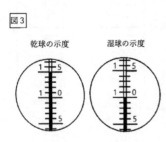

図3

乾球の示度　　湿球の示度

乾球（℃）	乾球と湿球との目もりの読みの差(℃)				
	1	2	3	4	5
16	89	79	69	59	50
15	89	78	68	58	48
14	89	78	67	57	46
13	88	77	66	55	45

（7）表は、気温と飽和水蒸気量との関係を表したものである。

気温（℃）	14	15	16	17	18	19	20
飽和水蒸気量（g/m³）	12.1	12.8	13.6	14.5	15.4	16.3	17.3

　　ア　気温20℃、湿度75%の空気がある。温度が下がり水滴がでは
　　　　じめた。このときの空気の温度は（　　　）℃である。

　　イ　空気が冷やされて空気中の水蒸気が水滴になるときの温度を（　　　）という。

1
2 ア
イ
3 ①
②
③
④
⑤
4 ア
イ
ウ
5　～
6 気温
湿度
7 ア
イ

34

合格・理科

（8）図4のように、フラスコの内部をぬらし、線香の煙を入れた。

図4 サーミスター温度計　風船　水

ア　ピストンを引くと、フラスコ内の気圧は（上がる／下がる）。

イ　ピストンを引くと、フラスコ内の気温は（上がる／下がる）。

ウ　ピストンを引くと、フラスコ内がくもる。それは、フラスコ内の温度が下がり（　a　）に達し、水蒸気が（　b　）になったからである。

（9）①〜④の前線を何というか。

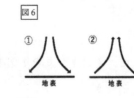
①  ②  ③ ④

（10）図5は日本付近の天気図の一部で、低気圧を表している。

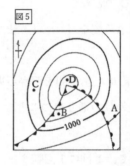
図5

ア　A〜Dの地点で、もっとも気圧が高い地点は（　　）である。

イ　アで答えた地点の気圧は（　　）hPa。

ウ　中心部では、図6の①、②のどちらのような空気の流れか。

図6

① ② 地表　地表

エ　C地点の風向きは、およそ次のどれか。
【北西／北東／南西】

（11）図7のAは冬に発達する（　　）気団で、気温は低く、空気は乾燥している。

図7
A　B　C

（12）図7のBは（　　）気団で、冷たく湿っている。

（13）図7のCは夏に発達する（　　）気団で、気温は高く、空気は湿っている。

（14）風が弱くよく晴れた夜間にふく風の向きは図8の㋐、㋑のどちらか。

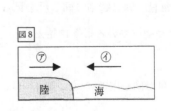
図8 ㋐ ㋑ 陸　海

右側の解答欄：
8 ア
イ
ウ a
b
9 ①
②
③
④
10 ア
イ
ウ
エ
11
12
13
14

13. 地球と宇宙

（1）太陽が南の空でもっとも高くなるときを太陽の（　）という。

（2）太陽が1日で地球のまわりを1周する見かけの動きを太陽の
（　）運動という。

（3）図1は、日本のある地点で太陽の位置を一定時間ごとに観察し、
透明半球上に印をつけたものである。

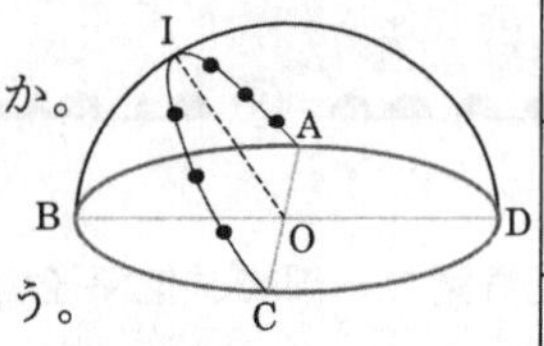

　　　ア　この日の日の出の位置はA〜Dのどの点か。

　　　イ　北の方角はA〜Dのどれか。

　　　ウ　∠BOIで示される角度を（　）という。

図1

（4）地球から見ると、太陽は星座の間を西から東に移動しているように
見える。この太陽の見かけの通り道のことを（　）という。

（5）地球が地軸を軸として、1日に1回転することを地球の（　）
という。

（6）地球が太陽を中心として、そのまわりを1年の周期で回っている
ことを地球の（　）という。

（7）星は1時間に（　）°動くように見える。

（8）北の空の星は、（　）星を中心に反時計まわりに回転している
ようにみえる。

（9）毎日、同じ時刻に同じ星を見ると、東から西へ毎日約（　）°
ずつ動いているように見える。

（10）星が同じ場所に見える時刻は、1か月で約（　）時間早くなる。

1	
2	
3 ア	
イ	
ウ	
4	
5	
6	
7	
8	
9	
10	

(11) 図2は、地球の公転と四季によって星座
　　　が移り変わることを示したものである。

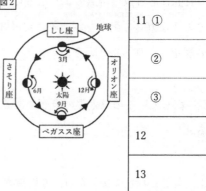

図2

① 6月の真夜中に南の空に見られる星座は
　　（　　　）である。

② 9月の日の入りのころ、東の空に見える
　　星座は（　　　）である。

③ 12月の日の出のころ、南の空に見える
　　星座は（　　　）である。

(12) 地球の地軸は公転面に立てた垂線に対して
　　　（　　　）°傾いている。

(13) 図3で、㋐の位置の月によって太陽が
　　　さえぎられることを（　　　）という。

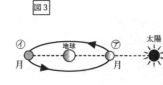

図3

(14) 図3で、㋑の満月が地球の影に入って
　　　欠けることを（　　　）という。

(15) 図4は地球の北極側から見た月の公転
　　　のようすを表している。ア～クのうち
　　　新月は（　　　）、満月は（　　　）、
　　　下弦の月は（　　　）である。

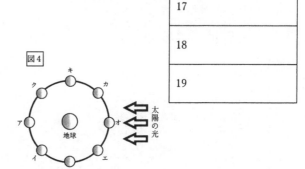

図4

(16) 月が図4のカの位置にあるとき、肉眼で見える月の形は次のうちどれか。

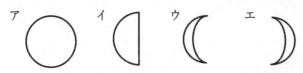

(17) 太陽のようにみずから光を出して光っている天体を（　　　）という。

(18) 地球のように太陽のまわりを公転する天体を（　　　）という。

(19) 図5のように、明け方の東の空では明けの明星（みょうじょう）、夕方の
　　　西の空ではよいの明星（みょうじょう）と呼ばれる惑星は（　　　）である。

図5

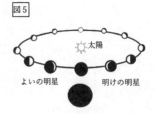

11 ①
②
③
12
13
14
15 新月
満月
下弦の月
16
17
18
19

合格・理科

(20) 太陽の表面にある黒い斑点のようなものを（　ア　）、表面に見られる炎のようなガスの動きを（　イ　）、外側にある 100 万℃以上のガスの層を（　ウ　）という。

(21) 太陽が自転しているのは太陽の表面にある（　　　）の位置の変化でわかる。

(22) 惑星は、小型でおもに岩石からなり密度が大きい（　ア　）型惑星と、大型でおもに気体からなり密度が小さい（　イ　）型惑星に分けられる。

(23) 月のように惑星のまわりを公転する天体を（　　　）という。

(24) 太陽系をふくむ恒星の大集団を（　　　）系という。

20 ア	
イ	
ウ	
21	
22 ア	
イ	
23	
24	

キリトリ

解答例 P 1

（1）ア 接眼レンズ　イ 対物レンズ　　（2）150 倍　　（3）近づけておく。

（4）ア 暗く　イ 狭く　　（5）c　　（6）花　　（7）ア 被子　イ 裸子

（8）ア 果実　イ 種子　　（9）花粉

解説　（2）顕微鏡の拡大倍率＝接眼レンズの倍率×対物レンズの倍率＝15×10

（3）ピントを合わせるときは、対物レンズとプレパラートがぶつからないようにするため、遠ざけながらピントを合わせる。

（5）見える像は実際とは上下左右が反対。例えば、見たいものを左に動かしたいときは、プレパラートを右に動かす。

（6）観察する物が動かせるとき：観察する物を前後に動かす。

観察する物が動かせないとき：自分の顔を前後に動かす。

（8）めしべの先端を柱頭、おしべの先の花粉が入っている小さな袋をやくといい、おしべのやくから出た花粉が、めしべの柱頭につくことを受粉という。花粉は風などで運ばれる。

解答例 P 2

（10）平行、網状（逆も可）　　（11）ア 双子　イ 主根　ウ 1　　（12）ア 合弁花　イ 離弁花

（13）ア タンポポ　イ アサガオ　ウ アブラナ　エ サクラ　オ イネ　カ ユリ　（13 はアとイ, ウとエ, オとカは逆も可）

（14）ア ある　イ ない　　（15）胞子　　（16）仮根

（17）⑦ 葉　④ 茎　⑦ 根　　（18）セキツイ(脊椎)、無セキツイ(無脊椎)　　（19）ア 魚　イ 鳥

解答例 P 3

（20）クジラ、イヌ　　（21）ア 肺　イ 胎　ウ 卵　　（22）節足動物　　（23）外骨格

（24）軟体　　（25）外とう膜

解説　（20）アヒル（鳥類）、カメ（ハチュウ類）、カエル（両生類）、メダカ（魚類）

（21）胎生：母親が子宮内で子をある程度成長させてから産むふやし方。

卵生：親が卵を産んで、卵から子がかえるふやし方。

魚類や両生類は殻のない卵を水中に産み、ハチュウ類や鳥類は陸上に殻のある卵を産む。

解答例 P 4

（1）ア 細胞膜　イ 細胞壁　ウ 核　エ 葉緑体　オ 液胞　　（2）ア, ウ

（3）酢酸オルセイン溶液（酢酸カーミン溶液、酢酸ダーリア溶液）　　（4）単細胞生物

（5）ア 組織　イ 器官　　（6）気孔　　（7）酸素, 二酸化炭素　　（8）蒸散

（9）ア 道管　イ 師管　　（10）維管束　　（11）ア 側根　イ ひげ根　　（12）根毛　　（13）表面積

解説　（6）細長い2つの細胞を孔辺細胞といい、三日月形をしている。また、気孔は葉の裏側に多い。

（7）気孔は酸素と二酸化炭素の出入り口で、水蒸気の出口である。

（9）道管は茎の中心に近いほう、師管は茎の外側のほうにある。

(14) ア エタノール　イ ヨウ素液(ヨウ素溶液)　ウ 青紫　エ 葉緑体

(15) ア B　イ 二酸化炭素　ウ A　エ 光合成　　(16) 消化　　(17) 消化管　　(18) 消化酵素

(19) デンプン　　(20) タンパク質　　(21) ア ブドウ糖　イ アミノ酸　ウ 脂肪酸とモノグリセリド

解説 (14) ア エタノールは引火しやすいので、火で直接加熱せず、お湯につけてあたためる。

　　　　　イ あたためたエタノールに葉をつけることで葉の緑色が脱色され、ヨウ素溶液につけ

　　　　　　たときの反応が見やすくなる。ヨウ素溶液はデンプンがあると青紫色に変化する。

　　　(15) 二酸化炭素は石灰水を白くにごらせる。この実験のように調べたい条件以外はすべて同じ

　　　　にして行う実験を、対照実験という。

(22) 柔毛　　(23) 小腸の表面積が大きくなり、効率よく養分を吸収することができる。

(24) 肝臓　　(25) 肺胞　　(26) ア 表面積　イ 二酸化炭素　　(27) 横隔膜　　(28) 動脈

(29) 静脈　　(30) 毛細血管　　(31) A 白血球　B 赤血球　C 血小板　D 血しょう

(32) ア C　イ A　ウ D　　(33) ヘモグロビン　　(34) 組織液

(35) A 右心房　B 右心室　C 左心房　D 左心室　　(36) 弁　　(37) 肺　　(38) 体

(39) 動脈血　　(40) 静脈血　　(41) A と B　　(42) C と D

(43) ア 肺静脈　イ 肺動脈　　(44) 肝臓　　(45) じん臓(腎臓)　　(46) 輸尿管

(47) 感覚器官　　(48) レンズ　　(49) 網膜　　(50) 鼓膜　　(51) 耳小骨

(52) うずまき管　　(53) ア 中枢　イ 末しょう　　(54) 感覚神経　　(55) 運動神経

(56) 反射　　(57) せきずい(脊髄)　　(58) 関節　　(59) けん

解説 (48) 図8の虹彩は瞳の大きさを変えて目に入る光の量を調節する。

　　　(57) 反射は、感覚器官→感覚神経→せきずい→運動神経→運動器官。

　　　　刺激の信号が脳に伝えられることなく、せきずいから直接命令が出される。

(1) ⑦　　(2) ア 染色体　イ ①→③→②→⑥→⑤→④　　(3) 無性

(4) ア ① 精　② 卵　イ 減数分裂　ウ 受精　エ 胚　オ 発生　カ 有性

解説 (1) 根の先端(根冠)付近は細胞分裂がさかんに行われているからである。

　　　(2) 分裂後の細胞の染色体の数がもとの細胞と同じになる細胞分裂を体細胞分裂という。

　　　　動物や植物の体は、体細胞分裂によりふえた細胞が大きくなることで成長する。

(5) ア 形質　イ 顕性形質(優性形質)　ウ 3 : 1　　(6) ア 染色　イ DNA　　(7) 相同器官

(8) 進化　　(9) 食物連鎖　　(10) 生産　　(11) 消費　　(12) 分解　　(13) ア

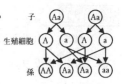

解説 （5）しわの形質のように子に現れない形質を潜性形質(劣性形質)という。

遺伝子が子から孫へ、生殖細胞を通じて伝わる仕組みは右図。

AA：Aa：aa＝1：2：1で、Aが顕性形質より、孫の代の個体

比は、丸い種子：しわの種子＝3：1

解答例P11

（14）菌　　（15）細菌　　（16）二酸化炭素　　（17）地球温暖化　　（18）循環

解答例P12

（1）青　　（2）イ→ア→ウ　　（3）ア 水平　イ 等し　　（4）銅、鉄　　（5）ア のびる

イ 伝わりやすい　　（6）金　　（7）① 黄緑色　② とけにくい　③ 水上　④ 石灰水

解説 （2）ガスバーナーに火をつけるとき

1.ガス調節ねじと空気調節ねじが閉まっているか確認。　2.ガスの元栓とコックを開く。

3.ななめ下からガスライター（マッチ）の火を近づけ、ガス調節ねじをゆるめて火をつける。

4.ガス調節ねじをさらにゆるめて、炎の大きさを調節する。

5.ガス調節ねじをおさえながら空気調節ねじを開き、青色の炎にする。

火を消すとき　1.空気調節ねじをしめて空気を止める。　2.ガス調節ねじをしめてガスを止める。

3.コックを閉じる。　4.元栓を閉じる。

（6）物質の密度[g/cm³]＝物質の質量[g]÷物質の体積[cm³]＝386.4[g]÷20[cm³]＝19.32[g/cm³]

解答例P13

（8）ア 酸素　イ 二酸化炭素　ウ アンモニア　エ 水素　　（9）赤　　（10）酸

（11）① 融点　② 沸点　③ 水と水蒸気　　（12）鉄　　（13）液体　　（14）試験管A

（15）ア エタノール　イ 水　　（16）蒸留

解説 （9）アンモニアの水溶液はアルカリ性なので、フェノールフタレイン溶液は赤色になる。

また、緑色のBTB溶液を青色に変える。

（12）融点よりも温度が低いときは固体、融点と沸点の間の温度のときは液体、沸点より温度が

高いときは気体である。鉄は融点が1538℃なので1000℃では固体である。

（13）エタノール0℃は融点と沸点の間なので液体である。

（14）（15）エタノールの沸点は78℃、水の沸点は100℃なので、混合物を加熱すると沸点の低

いエタノールが先に試験管に集まる。

解答例P14

（17）水溶液　　（18）溶質　　（19）溶媒　　（20）溶解度　　（21）飽和水溶液

（22）硝酸カリウム　　（23）46（47も可）　　（24）20

解説 （18）（19）砂糖水（水溶液）の場合、砂糖（溶質）、水（溶媒）

（23）ミョウバンは20℃では水100gにおよそ12gとけているので、58[g]－12[g]

（24）質量パーセント濃度[%]＝ $\frac{溶質の質量[g]}{溶液の質量[g]}$ ×100　より、　$\frac{50}{200+50}$ ×100

（1）酸素、銀(逆も可)　　（2）ア 白く　イ 二酸化炭素　ウ 赤(桃)　エ 水　オ 白色の固体

カ 炭酸ナトリウム　キ 炭酸ナトリウム　　（3）ア 水酸化ナトリウム　イ 酸素　ウ 水素

エ 水素　　（4）原子　　（5）分子　　（6）① O_2　② H_2O　③ CO_2　④ CuO

⑤ Ag_2O　⑥ $NaCl$　⑦ NH_3　⑧ MgO

解説 （2）この実験では、発生した液体が加熱部分に流れて試験管が割れるのを防ぐために、試験管

Aの口を少し下げて加熱する。

また、水が逆流するので、ガラス管を水そうの水からぬいてから加熱をやめる。

ウ 塩化コバルト紙は水にふれると青色から赤（桃）色に変化する。

オ フェノールフタレイン溶液を加えたとき、炭酸水素ナトリウムはうすい赤色（弱いアル

カリ性）、白色の固体は濃い赤色（強いアルカリ性）になる。

（3）ア 純粋な水は電流が流れにくいので、少量の水酸化ナトリウムを加えて電流を流しや

すくする。

イ、ウ 水に電流を流すと、陽極には酸素、陰極には水素が発生。

エ 陰極側に発生した水素にマッチの炎を近づけると音を立てて燃える。

陽極側に発生した酸素に火のついた線香を入れると炎を出して激しく燃える。

（7）ア 続く　イ 水素　ウ 硫化鉄(りゅうかてつ)　エ 硫化水素(りゅうかすいそ)

（8）ア FeS　イ $2H_2O$　ウ CO_2　エ H_2O　オ O_2

（9）ア 酸化マグネシウム　イ マグネシウムリボン　ウ 酸化　　（10）ア 酸素　イ 酸化鉄

（11）ア 黒　イ 大きく　　（12）ア 白く　イ 銅　ウ 還元(かんげん)　エ CO_2

解説 （7）ア 鉄と硫黄の反応で熱が発生するので、加熱をやめても反応が続く。

イ 鉄や亜鉛などの金属にうすい塩酸を加えると、水素が発生する。

ウ 加熱前の鉄と硫黄の混合物に磁石を近づけると引きつけられるが、加熱後にできた

硫化鉄に磁石を近づけても引きつけられない。

（9）イ マグネシウムや亜鉛などの金属にうすい塩酸を加えると水素が発生する。

（11）酸化物の質量は、結びついた酸素の分だけもとの物質の質量より増加する。

（12）ア 二酸化炭素が発生し、石灰水が白くにごる。　$\overbrace{2CuO + C \rightarrow 2Cu}^{還元} + CO_2$　$\underbrace{\qquad\qquad\qquad}_{酸化}$

（13）ア 二酸化炭素　イ 変わらなかった　ウ 数　　（14）4：1　　（15）3.2 g　　（16）4.0 g

（17）発熱(はつねつ)　　（18）吸熱(きゅうねつ)

解説 （13）ア 炭酸水素ナトリウムと塩酸の反応では、二酸化炭素と塩化ナトリウムと水ができる。

イ ふたをゆるめると、気体(二酸化炭素)が外へ逃げるので質量は減少する。

ウ このことを質量保存の法則という。

(14) グラフより、銅と化合した酸素の質量比は、0.4：0.1。整数比で表すと、4：1

(15) 銅の質量と酸化されてできる酸化銅の質量比は、4：(4＋1)なので、4：5＝x：4

(16) マグネシウムと酸化マグネシウムの質量比は、3：(3＋2)なので、3：5＝2.4：x

(17) かいろはこの化学変化を利用している。

解答例 P18

（1）電解質　　（2）塩化銅, 食塩, 水酸化ナトリウム　　（3）非電解質

（4）ア 水素　イ 塩素　ウ Cl_2　（5）ア 銅　イ 塩素　ウ 脱色された。　エ Cu

（6）ア 陽　イ 陰　　（7）電離　　（8）ア 陽子　イ 原子核　ウ 中性子　エ 電子

解説 （2）食塩は別名、塩化ナトリウム（NaCl）という。

（3）砂糖、エタノールは非電解質である。

（5）ア 陰極の表面に赤色の銅が付着する。　イ 陽極付近から塩素が発生する。

　　ウ 陽極付近で発生した塩素の漂白作用により脱色された。

（8）陽子は＋の電気を、電子は－の電気を持っており、中性子は電気を持っていない。

解答例 P19

（9）ア H^+　イ Na^+　ウ Cl^-　エ OH^-　オ Cu^{2+}　カ SO_4^{2-}

（10）ア H^+　イ Na^+　ウ Cl^-　エ $2Cl^-$　　（11）ア 青　イ 赤　　（12）青

（13）酸　　（14）アルカリ　　（15）ア 酸　イ アルカリ　　（16）硫酸, 塩酸

（17）中和　　（18）塩　　（19）NaCl

解説 （11）塩酸は酸性の水溶液なので、青色リトマス紙を赤色に変える。

　　　アルカリ性の水溶液では、赤色リトマス紙を青色に変える。

（12）水酸化ナトリウム水溶液はアルカリ性の水溶液なので、緑色のBTB溶液を青色に変える。

　　　酸性の水溶液では、緑色のBTB溶液を黄色に変える。

（13）（例）塩化水素（$HCl→H^++Cl^-$）　　（14）（例）水酸化ナトリウム（$NaOH→Na^++OH^-$）

（16）食塩水は中性、水酸化バリウム, アンモニア水はアルカリ性。

（17）水溶液中に水素イオンと水酸化物イオンがあると、2つのイオンは結びつき水ができる。

　　　$H^++OH^-→H_2O$

（19）酸の陰イオン（この場合は Cl^-）とアルカリの陽イオン（この場合は Na^+）が結びついて

　　　できた物質（この場合は NaCl）が塩。

解答例 P20

（20）$BaSO_4$　　（21）ア 青　イ 黄　ウ 赤　エ 水素　　（22）電池（化学電池）

（23）ア ②　イ ①　　（24）Mg＞Zn＞Cu　　（25）ア a　イ① $2e^-$　② Cu^{2+}　　（26）燃料電池

解説 （20）硫酸（$H_2SO_4 → 2H^++SO_4^{2-}$）　水酸化バリウム（$Ba(OH)_2 → Ba^{2+}+2OH^-$）

　　　中和式は、$H_2SO_4+Ba(OH)_2 → BaSO_4+2H_2O$

　　　中和反応では、塩（$BaSO_4$）と水（H_2O）ができる。

（23）ア 電解質の水溶液を使う。　　イ 種類が異なる金属板を使う。

(25) ア 電子は－極から＋極へ移動する。電流の流れはその逆になる。

イ ① 陽イオンになりやすい亜鉛版では亜鉛原子 Zn が電子2個を失って Zn^{2+} になる。

② 銅板では水溶液中の銅イオン Cu^{2+} が電子を2個受けとって、銅原子 Cu になり付着する。この実験でセロハンを使用しているのは、亜鉛版から直接銅イオンへ電子が移動し、電流が流れなくなることを防ぐためである。

解答例 P21

（1）等しい 　　（2）入射角 > 屈折角 　　（3）ア 　　（4）乱反射 　　（5）全反射

（6）焦点距離 　　（7）実像 　　（8）図6 　　（9）図8 　　（10）図10

解説 （3）ガラスや水から空気中へ光が進むときは、入射角 < 屈折角となる。

（5）通信ケーブルなどに使われる光ファイバーは、全反射を利用したものである。

（10）物体の反対側から凸レンズを通して見える、物体より大きく同じ向きの像を虚像といい、物体が焦点と凸レンズの間にあるときに見える。

図9のように焦点上に物体があるときは実像も虚像も見えない。

解答例 P22

(11) 音源（発音体） 　　(12) 鼓膜 　　(13) 伝わらない 　　(14) 340 m/s 　　(15) 680 m

(16) 振幅 　　(17) ア 振動数 イ ヘルツ (Hz) 　　(18) ア 高い イ 大きい 　　(19) 右

(20) 強く 　　(21) ①と③ 　　(22) ③

解説 (13) 音を伝えているのは空気なので、真空中では音は伝わらない。

(14) 速さ＝距離÷時間 　1700[m]÷5[秒] 　　(15) 距離＝速さ×時間 　340[m/s]×2[秒]

(19) 弦の長さを短くするほど、弦を細くするほど、弦を強くはるほど高い音が出る。

(21) 振動数が同じ波形は音の高さが同じ。 　　(22) 振幅が小さいと音は小さい。

解答例 P23

(23) 重力 　　(24) 100 　　(25) ア 3 イ 4.5 　　(26) ア 比例 イ 20 ウ 1.2 　　(27) 0.5N

(28) つり合っている 　　(29) ① 等しい ② 反対 ③ 同一直線上 　　(30) ア，ウ，エ

解説 (26) アのことをフックの法則という。 　　イ 0.4：10＝0.8：x 　　ウ 0.4：10＝x：30

(27) 300 g は 3N 　$3[N]×\frac{1}{6}=0.5[N]$

(30) アは同一直線上にない。ウは2力の大きさが等しくない。エは2力の向きが反対ではない。

解答例 P24

（1）① 直列回路 ② 並列回路 　　（2）① 電球 ② 抵抗器 ③ スイッチ ④ 電流計 ⑤ 電圧計

（3）直列 　　（4）並列 　　（5）360 mA 　　（6）① 5Ω ② 15Ω 　　（7）比例関係

（8）① 30 ② 0.3 ③ 6 ④ 9 ⑤ 0.5 ⑥ 60

解説 （5）500 mA の－端子につないであるので、360mA。

（50mA の－端子につないであれば 36.0mA、5A の－端子につないであれば 3.60A）

（6）電圧を V[V]，電流を I[A]，電気抵抗を R[Ω]で表すと、$V=R×I$ という式になる。

よって、① 1[V]÷0.2[A] 　　② 3[V]÷0.2[A]

（7）この関係をオームの法則という。

（8）① 15[V]÷0.5[A]　② 1.5[V]÷5[Ω]　③ 0.2[A]×20[Ω]＋0.2[A]×10[Ω]

④ 3[V]÷0.2[A]＝15[Ω]　15[Ω]－6[Ω]＝9[Ω]

⑤ 3[V]÷10[Ω]＝0.3[A]　3[V]÷15[Ω]＝0.2[A]　0.3[A]＋0.2[A]＝0.5[A]

⑥ 6[V]÷20[Ω]＝0.3[A]　0.4[A]－0.3[A]＝0.1[A]　6[V]÷0.1[A]＝60[Ω]

解答例P25

（9）電力　　（10）500　　（11）8　　（12）600　　（13）120　　（14）ア Q　イ B

（15）①　　（16）②　　（17）⑦

解説 （10）電力[W]＝電圧[V]×電流[A]より、100[V]×5[A]　　（11）800[W]÷100[V]

（12）電力量[J]＝電力[W]×時間[s]より、60[W]×10[s]　　（13）72000[J]÷600[W]

（14）ア 磁力線（じりょくせん）はN極から出てS極に向かう。

イ 磁力線の間隔がせまいところほど磁界が強い。

（17）電流の向きや磁界の向きを逆にすると、電流にはたらく力の向きが逆になる。

解答例P26

（18）④　　（19）電磁誘導（でんじゆうどう）　　（20）誘導電流（ゆうどうでんりゅう）　　（21）ア 静電気（せいでんき）　イ 電子（－の電気）　ウ －

（22）ア 陰極（いんきょく）（電子）　イ a　ウ －　エ ＋極　　（23）放射線（ほうしゃせん）

（24）ア 放射能（ほうしゃのう）　イ 放射性物質（ほうしゃせいぶっしつ）　　（25）γ線（ガンマ）

解説 （20）電磁誘導で、コイルの巻数を多くする、磁石をはやく動かす、磁力の強い磁石にすると、

誘導電流は大きくなる。

（22）－の電気を帯びた小さな粒子が電子。陰極線は－の電極の金属から飛び出した電子の流れ

である。

解答例P27

（1）垂直抗力（すいちょくこうりょく）、

（2）① 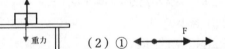　②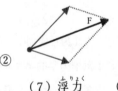

（3）重力　　（4）作用・反作用（さよう・はんさよう）　　（5）水圧（すいあつ）　　（6）大きく　　（7）浮力（ふりょく）　　（8）10N

（9）60　　（10）2m/s

解説 （2）①

（8）浮力[N]＝（物体にはたらく重力の大きさ[N]）－（物体を水中に沈めたときのばねばかりの

値[N]）＝30[N]－20[N]

（9）速さ[km/h]＝ 移動距離[km]÷移動にかかった時間[h]より、180[km]÷3[h]

（10）7.2km＝7200m、1時間＝60分＝3600秒より、7200[m]÷3600[s]

(11) 等速直線運動　　(12) 慣性　　(13) ア 0.1 秒　イ 60cm/s　ウ 720cm

(14) ア 33.6　イ 240　ウ 大きくなる。　　(15) 700J　　(16) 100W　　(17) ア 0.36　イ 0.06

解説　(13) ア　1 秒間に 60 回打点するので、6 打点する時間は 0.1 秒。

　　　　　イ　速さ[cm/s]＝移動距離[cm]÷移動にかかった時間[s] より、6[cm]÷0.1[s]

　　　　　ウ　移動距離[cm]＝速さ[cm/s]×移動にかかった時間[s] より、60[cm/s]×12[s]

　　　(14) ア　テープは 9.6cm ずつ長くなっているので、24.0[cm]＋9.6[cm]

　　　　　イ　1 秒間に 50 回打点するので、5 打点する時間は 0.1 秒。24.0[cm]÷0.1[s]

　　　(15) 仕事[J]＝力の大きさ[N]×力の向きに動かした距離[m]　　100[N]×7[m]

　　　(16) 仕事率[W]＝仕事[J]÷仕事に要した時間[s]　　700[J]÷7[s]

　　　(17) ア　60 cm＝0.6m より、0.6[N]×0.6[m]　　イ 0.36[J]÷6[s]

(18) ア 50　イ 4　ウ 200　エ 20　　(19) ア 25　イ 8　ウ 200　エ 10

(20) 位置エネルギー　　(21) 大きくなる　　(22) 大きくなる　　(23) 運動エネルギー

解説　(18) ア　5kg は 50N

　　　　　ウ　仕事[J]＝力の大きさ[N]×力の向きに動かした距離[m]　50[N]×4[m]

　　　　　エ　仕事率[W]＝仕事[J]÷仕事に要した時間[s]　200[J]÷10[s]

　　　(19) ア　動滑車を 1 つ使っているので、ロープを引く力は 50N の半分。

　　　　　イ　動滑車を 1 つ使っているので、ロープを引く長さは 4m の 2 倍。

　　　　　ウ　25[N]×8[m]

　　　　　エ　200[J]÷20[s]

(24) 大きくなる　　(25) 大きくなる　　(26) 力学的エネルギー　　(27) 一定に保たれる

(28) A と E　　(29) 増加　　(30) 減少

解説　(27) これを力学的エネルギー保存の法則という。

　　　(28) 位置エネルギーが最小になるのは C にあるとき。

　　　(29) A, E の位置にあるとき運動エネルギーは 0、C の位置にあるとき運動エネルギーは最大。

(1) マグマ　　(2) A　　(3) A　　(4) 火成岩　　(5) 火山岩　　(6) 深成岩

(7) ア 斑状　イ 等粒状　　(8) ⑦ 斑晶　④ 石基

(9) ア 流紋　イ 花こう　ウ せん緑

解説　(2) A のような火山は、マグマのねばりけが大きく、爆発的に噴火する。C のような火山は、

　　　　　マグマのねばりけが小さく、おだやかに噴火する。B は A と C の中間。

　　　(8) 大きい結晶になった部分を斑晶、結晶になる前に固まってしまった部分を石基という。

解答例P32

(10) ア 震源 イ 震央　　(11) 津波　　(12) ア 隆起 イ 沈降

(13) ア 初期微動 イ 主要動　　(14) ア P イ S　　(15) 初期微動継続

(16) マグニチュード（M）　　(17) ア 震度 イ 10

(18) ア 4 イ 40 ウ 7時19分15秒　　(19) 風化　　(20) 侵食

解説 (15) 震源からの距離が遠くなるほど、初期微動継続時間は長くなる。

(16) マグニチュードが1ふえると地震そのものがもつエネルギーは約32倍になる。

(17) 震度は 0, 1, 2, 3, 4, 5弱, 5強, 6弱, 6強, 7 の 10 段階。

(18) ア S波はP波に比べて遅く到着する。　　速さ＝距離÷時間　400[km]÷100[s]

イ グラフより、400km地点での（S波が届くまでの時間−P波が届くまでの時間）を求める。

（100−60）秒

ウ グラフより、地震が発生したのはイの観測点で初期微動が観測された60秒前とわかる。

解答例P33

(21) 運搬　　(22) 堆積　　(23) しゅう曲　　(24) 断層　　(25) 堆積岩　　(26) 示相化石

(27) 示準化石　　(28) ア あたたかい　イ 中生代　ウ 火山活動　エ 泥岩

(29) 丸みを帯びている。　　(30) プレート　　(31) ア 海洋 イ 大陸

解説 (27) 示準化石は、広い地域に生息し、ある時期にだけ栄えた生物の化石が利用される。

(28) ア サンゴはあたたかく浅い海で生息する。（示相化石）

イ アンモナイトが栄えていたのは中生代。（示準化石）

フズリナ，サンヨウチュウは古生代、ビカリア，マンモスは新生代の地質年代。

ウ 凝灰岩は火山灰などの火山の噴出物でできている。

エ 粒の大きさは、れき＞砂＞泥

(29) 泥岩、砂岩、れき岩の粒は、流水で運ばれる間に角がとれて丸くなる。

解答例P34

(1) 大気圧（気圧）　　(2) ア A イ 6000 Pa　　(3) ① ○ ② ◐ ③ ◎ ④ ● ⑤ ⊗

(4) ア 北東 イ 3 ウ 晴れ　　(5) 2〜8

(6) 気温：15℃ 湿度：48%　　(7) ア 15 イ 露点

解説 (2) ア 圧力[Pa]＝$\dfrac{力の大きさ[N]}{力がはたらく面積[m^2]}$ より、力がはたらく面積が大きいほど圧力は小さい。

イ 3kg＝3000g＝30N　　$\dfrac{30[N]}{0.1[m]×0.05[m]}＝\dfrac{30[N]}{0.005[m^2]}＝6000[Pa]$

(5) 雲量0と1は快晴、2〜8は晴れ、9と10はくもり。

(6) 気温：乾球の温度（示度）を読む。

湿度：乾球と湿球の目盛りの読みの差が5℃、気温が15℃なので、表より48%。

(7) 20℃の飽和水蒸気量は17.3g/m³より、17.3×0.75≒13[g]　15℃まで下げると水滴ができる。

（8）ア 下がる　イ 下がる　ウ a 露点　b 水滴

（9）① 寒冷前線　② 温暖前線　③ 閉塞前線（閉そく前線）　④ 停滞前線

（10）ア A　イ 1004　ウ ②　エ 北西　（11）シベリア　（12）オホーツク海

（13）小笠原　（14）⑦

解説　（8）気圧が下がり、空気が膨張すると温度が下がる。

　　　（9）① 寒冷前線付近では積乱雲は発達し、短時間の強い雨が降り、前線通過後は気温が下がる。

　　　　　② 温暖前線付近では弱い雨が長時間降ることが多い。前線通過後は気温が上がる。

　　　　　③ 寒冷前線が温暖前線に追いついてできる前線。

　　　　　④ 暖気と寒気がぶつかり合い、ほとんど前線の位置が変わらない。（梅雨前線, 秋雨前線）

　　　（10）ア 前線をともなっているので図5は低気圧。

　　　　　　低気圧は中心から離れるほど気圧は高くなるので、A が一番外側で気圧が高い。

　　　　　イ 等圧線は 1000 hPa を基準にして、4 hPa ごとに実線で、20 hPa ごとに太線で引く。

　　　　　ウ 低気圧の中心付近では、地表から上空へ向かう上昇気流が起こっている。

　　　　　エ 低気圧のまわりでは、空気が反時計回りに中心に向かってふきこんでいる。

　　　（14）海に近い地域では、昼はあたたまりやすい陸の方が気圧が低くなって、海から陸に向かっ
　　　　　て風がふく。夜は冷えやすい陸の方が気圧が高くなって、陸から海に向かって風がふく。

（1）南中　（2）日周　（3）ア C　イ D　ウ 南中高度　（4）黄道　（5）自転

（6）公転　（7）15　（8）北極　（9）1　（10）2

解説　（3）太陽は東(C)の空からのぼり、南(B)の空を通って、西(A)の空に沈むように見える。

　　　（10）星は1か月で約30°西に動いているように見える。（公転）

　　　　　また、星は1時間で約15°西に動いているように見える。（自転）

　　　　　1か月で約30°動いた星を、1か月前と同じ場所に見るには約2時間早く見なければなら
　　　　　ない。

（11）① さそり座　② ペガスス座　③ しし座

（12）23.4　（13）日食　（14）月食

（15）新月：オ　満月：ア　下弦の月：ウ

（16）エ　（17）恒星　（18）惑星

（19）金星

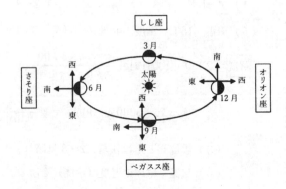

解説　（11）右図

　　　（13）日食は、太陽−月−地球の順に並ぶ。

　　　（14）月食は、太陽−地球−月の順に並ぶ。

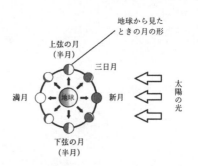

(15) 月は1か月で反時計回りに公転している。

　　　キは上弦の月である。（右図）

(19) 金星は太陽のまわりを地球の内側で公転

　　　していて、月と同じように太陽の光を反

　　　射してかがやいている惑星。

　　　金星は地球よりも内側を公転しているため、

　　　真夜中に観測することができず、夕方の西の空か、明け方の東の空で見られる。

[解答例 P38]

(20) ア 黒点　イ プロミネンス（紅炎）　ウ コロナ　　(21) 黒点　　(22) ア 地球　イ 木星

(23) 衛星　　(24) 銀河

[解説] (20) ア 黒点はまわりより温度が低く暗いため、黒く見える。

　　　(21) 黒点の大きさが日によって変化することから、太陽が球形であることが分かる。

　　　(22) 地球型惑星は、水星・金星・地球・火星の4つの惑星。

　　　　　木星型惑星は、木星・土星・天王星・海王星の4つの惑星。